U0749205

LIYIYUSHENGHUO

礼仪与生活

（第二版）

职业教育公共基础课程教学用书

主　编　邓丽萍

主　审　李文亮　陈　强

华东师范大学出版社

·上海·

图书在版编目(CIP)数据

礼仪与生活/邓丽萍主编. —上海:华东师范大学出版社

中等职业学校教材

ISBN 978 - 7 - 5617 - 6900 - 3

Ⅰ.礼…　Ⅱ.邓…　Ⅲ.礼仪－专业学校－教材
Ⅳ.K891.26

中国版本图书馆 CIP 数据核字(2009)第 082799 号

礼仪与生活(第二版)

职业教育公共基础课程教学用书

主　　编　邓丽萍
责任编辑　李　琴
审读编辑　蒋　雯
装帧设计　冯　笑
插　　图　吴　诺

出版发行　华东师范大学出版社
社　　址　上海市中山北路 3663 号　邮编 200062
网　　址　www.ecnupress.com.cn
电　　话　021 - 60821666　行政传真 021 - 62572105
客服电话　021 - 62865537　门市(邮购)电话 021 - 62869887
地　　址　上海市中山北路 3663 号华东师范大学校内先锋路口
网　　店　http://hdsdcbs.tmall.com

印 刷 者　上海市崇明县裕安印刷厂
开　　本　787 毫米×1092 毫米　1/16
印　　张　6.5
字　　数　129 千字
版　　次　2011 年 12 月第 2 版
印　　次　2023 年 7 月第 16 次
书　　号　ISBN　978 - 7 - 5617 - 6900 - 3
定　　价　14.00 元

出 版 人　王　焰

(如发现本版图书有印订质量问题,请寄回本社客服中心调换或电话 021 - 62865537 联系)

出版说明（第二版）

CHUBANSHUOMING

本书是职业教育公共基础课程教学用书，适用于各专业开展礼仪教学。

本书从礼仪概况、学校礼仪和职场礼仪三个方面入手，对礼仪展开论述，旨在给学生一个正确的礼仪方面的引导。全书内容贴近学生生活，以实用、够用为原则，叙述详略有致；编写体例生动活泼，以小故事或者小活动导入每课的知识点，引起学生兴趣，并在教学过程中穿插一些活动，活跃课堂气氛。

具体栏目设计如下：

小组时间　穿插在课文中的互动活动，有讨论、表演等多种形式。

礼仪行动　在每个主题结束之时设计的实践活动，温故而知新。

充电站　对课文相关内容的知识扩展。

听故事，学礼仪　通过一个生动有趣的小故事，引出具体的礼仪知识。

小贴士　对课文相关内容的温馨提示。

为了方便教师的教学活动，本书还配套有：

《礼仪与生活·教师手册（第二版）》　含有各主题的教学目标、重要概念摘要、教学过程和方法、参考资料等。

华东师范大学出版社
2011 年 12 月

编者的话（第二版）

党的二十大报告中明确指出："坚持和发展马克思主义，必须同中华优秀传统文化相结合"。中华优秀传统文化源远流长、博大精深，是中华文明的智慧结晶。我们必须坚定历史自信、文化自信，坚持古为今用、推陈出新，把马克思主义思想精髓同中华优秀传统文化精华贯通起来、同人民群众日用而不觉的共同价值观念融通起来，不断赋予科学理论鲜明的中国特色，不断夯实马克思主义中国化时代化的历史基础和群众基础，让马克思主义在中国牢牢扎根。我国是有两千多年发展历史的文明古国，有着悠久的礼仪文化传统，享有"礼仪之邦"的美称。礼仪作为中华文明的重要表现形式之一，它渗透在社会生活的方方面面，对人们日常生活的行为举止、精神面貌有着潜移默化的影响。每个人都要知礼、懂礼、学礼、用礼，才能使中华民族的传统美德在当今社会中发扬光大，成为"培养人的良好素养，塑造人的优美形象，构建和谐校园、和谐社会"的重要载体之一。

我们根据中职学生的特点和礼仪学习的要求，结合学生将来就业发展的需要，以模块为编写体例，以主题活动为主线来编写本书。为了便学利教，全书按每学期 18 周学时设计，每 2 周完成一个主题。全书用 3 个特定的模块来构成内容体系，即：

礼仪基础篇 把古今中外各民族有关礼仪的知识和文化进行汇总介绍，使学生在礼仪知识的学习和熏陶中识"礼"、学"礼"、懂"礼"、用"礼"。

校园礼仪篇 以学生的校园生活为蓝本设计礼仪活动，体现了职业教育特点，对开展礼仪教学和各种校园礼仪活动都可以发挥很好的作用。

职场礼仪篇 从学生将来的就业入手，用职场中必备的礼仪要求来规范自身的行为。

本课程的评价方式为：每个主题均设计 1～2 个礼仪行动作为"任务"，或独立完成，或小组合作完成，既可配合课堂活动，又可用以评价学生的学习成果。

在编写教材的过程中，为丰富教学内容和教学形式，拓宽学生视野，教材中设立了"名人名言"、"听故事，学礼仪"、"小贴士"、"充电站"、"小组时间"、"礼仪行动"等小栏目，使学生通过形式多样的活动，提高个人的修养和综合素质。具体内容为：

1. 名人名言：用著名人物的至理名言来引入一个话题。

2. 听故事，学礼仪：选取一些经典的礼仪故事，让学生从故事中明白一个道理，增加学习兴趣。

3. **小贴士**：穿插于正文中，用言简意赅的语言给学生一些贴心的提示。

4. **充电站**：相关礼仪知识的拓展。

5. **小组时间**：课堂中的活动。安排一些有趣的小任务，使学生在老师的指导下根据所学知识进行实战演练。

6. **礼仪行动**：需在课后完成的礼仪任务。

第二版教材主要针对校园礼仪和职场礼仪部分进行了修改、完善。

本书礼仪基础篇、校园礼仪篇的全部章节由李立红老师编写；职场礼仪篇的全部章节主要由徐燕华老师编写，并由关敏老师协助完成；全书由邓丽萍老师担任主编，负责该书的整体构思、分工、目录编排、前言撰稿和统稿工作。参加第二版修订工作的老师有：董朝霞（校园礼仪篇）、徐洁（职场礼仪篇）等。

本书的两位主审专家——上海市东辉职业技术学校校长李文亮、上海市东辉职业技术学校副校长陈强全面审阅了本书并提出了许多宝贵意见，在此表示感谢。

本教材具有以能力为本、重视实践、简洁实用、深入浅出的特点，力求为每一位学生在礼仪方面提供积极有效的帮助。但由于编者水平有限，本书不足之处在所难免，敬请读者们批评指正。

编　者
2011 年 12 月

目 录

MULU

目　录

职场礼仪篇

礼仪基础篇

第一章　五千年华夏之"礼"

"礼,履也,所以事神致福也。"①

——东汉·许慎《说文解字》

"礼之起,起于祀神,其后扩展而为对人,更其后而为吉、凶、军、宾、嘉等各种仪制。"

——郭沫若《十批判书》

主题一　识　"礼"

一、什么是"礼"

"礼"字原与古代祭祀神灵的仪式有关,古时祭祀活动必须严格地按照固定的程序和方式进行。因此,礼仪最早指行事的规则和程序。左边示字旁意为神,右边是向神进贡的祭物与盛器。《辞海》中"礼"的解释是:"本谓敬神,引申为表示敬意的通称。"

"礼"还有多种解释:一是指为表示敬意而举行的隆重仪式;二是指社会交往中的各种礼节、礼貌和礼仪;三是指规范,是中国古代社会由于长期的风俗习惯而形成的行为准则、道德规范等。

二、什么是"礼仪"

1. 礼仪

礼仪,顾名思义,指"礼"和"仪"。"礼"是表示敬神、敬意的意思;"仪"则表示人的外表,或特指某一仪式及礼物等外在形式。通常在社交活动中,人与人之间相互交际需要运用"仪"这一外在形式,遵循"仪"的行为准则和道德规范,且常常通过语言、肢体语言、神情,以及相互称呼、交谈、仪态、举止等来实现相互之间的沟通。因此,礼仪是礼的秩序形式,是表示敬意或尊重,在一定场合举行的、具有专门程序的规范化的活动。

从广义上讲,礼仪是一个时代的典章制度,如:《周礼》、《仪礼》、《礼记》记录的就是我国周朝的政治、经济和社会制度。从狭义上讲,礼仪是指祭祀或馈赠,或指礼节、仪节、宗教制度及仪式。

2. 礼节

礼节是礼仪的基础,而礼仪是程序化了的礼节。礼仪实际上是由一系列的、具体的、表现礼貌的礼节所构成的,是一个表现礼貌的系统和完整的过程。礼仪依据运用对象、适用范围及使用目的的不同,有很多的表现形式,如:社交礼仪、公共礼仪、家庭礼仪、商务礼仪、会展礼仪、国际礼仪、服务礼仪、酒店礼仪、宗教礼仪等。

---

① 指实践约定的事情,用来给神灵看,以求赐福。

3. 礼仪意识

礼仪意识,是指人际交往中的个体,在面对交往对象时,自然而然产生的一种强烈的施礼欲望。是否具备礼仪意识,是衡量一个人是否具备良好礼仪修养的重要标志。

⭐ 小组时间

1. 分组讨论:说说你知道哪些中国古代的礼节?这些礼节分别盛行于哪个朝代?
2. 请对讨论结果进行归纳,并记录在下列空白处。

_____

_____

_____

3. 每组派一个代表交流一下,同时听听其他小组的讨论结果,把你认为较好的答案补充在下列空白处。

_____

_____

🍀 礼仪行动

1. 请自己的家长填写以下调研表。
2. 采访自己的长辈,同他们聊一聊,听听他们对自己的评价,看看谁是长辈眼中最讲礼貌的孩子。
3. 整理调研采访记录,完成一份300字左右的采访报告。

课后调研表:长辈眼中的我是个懂礼貌的人吗?

关于_____同学的调研(横线上填写自己的名字)

序号	问　　题	选　项
1	该同学每天起床是否有向长辈问早的习惯?	A. 经常　B. 偶尔　C. 从不
2	该同学每天出门时,是否会向长辈道别?	A. 经常　B. 偶尔　C. 从不
3	该同学吃饭前,是否会主动招呼长辈?	A. 经常　B. 偶尔　C. 从不
4	该同学吃饭时,是否会主动为长辈布菜?	A. 经常　B. 偶尔　C. 从不
5	该同学用餐完毕,起身离开餐桌时,是否会主动请长辈慢用?	A. 经常　B. 偶尔　C. 从不
6	该同学在受到长辈照顾时,是否会主动表示感谢?	A. 经常　B. 偶尔　C. 从不
7	该同学在家是否会主动帮助长辈完成一些家务?	A. 经常　B. 偶尔　C. 从不

序号	问　　题	选　项
8	该同学向长辈提出要求时,是否会主动说明原委?	A. 经常　B. 偶尔　C. 从不
9	该同学与长辈外出时,是否会听从长辈的吩咐?	A. 经常　B. 偶尔　C. 从不
10	该同学是否记得长辈的生日?	A. 经常　B. 偶尔　C. 从不

主题二　说　"礼"

一、文明古国·礼仪之邦

　　我国素以"文明古国,礼仪之邦"著称于世。几千年来,我国人民不仅创造了灿烂悠久的历史文化,更形成了高尚的道德品格和完整的礼仪规范。

　　在举世瞩目的北京第二十九届奥林匹克运动会开幕式上,在"鸟巢"造型的国家体育场中央,随着一声声强劲有力的击打,2008 尊古代打击乐器——"缶",发出了动人心魄的声音,缶上的白色灯光依次闪亮,组合出奥运会开始的倒计时数字。2008 名演员击缶而歌,吟诵着《论语》中的名句——"有朋自远方来,不亦乐乎",表达了对世界各地奥运健儿和嘉宾的热烈欢迎。

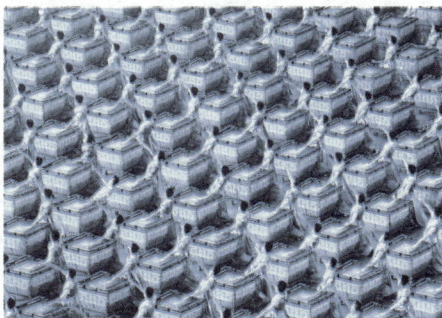

北京奥运会开幕式上的千人击缶表演

充电站

缶

　　"缶阵"中那 2008 件乐器的原型叫"曾侯乙铜鉴缶",原为盛酒的器皿,后用于奏乐。《说文解字》中记载:"缶,瓦器也,所以盛酒浆,秦人鼓之以节歌。"

　　完整的"缶"是一件组合式器皿,由"青铜鉴"和"青铜缶"套合而成。其外套称为"鉴","缶"被嵌在"鉴"中,缶的外壁和鉴的内壁之间有很大的空间,具有冰镇或加温酒浆的双重功能,有专家将其称为我国目前所发现最早的古"冰箱"或"保暖箱"。

曾侯乙铜鉴缶

礼仪与生活

古人云："中国有礼仪之大，故称夏；有服章之美，谓之华。"意思是说：我国古代的华夏族，正是以丰富的礼仪文化而受到周边其他民族的赞誉的。

我国古代礼仪形成于"三皇五帝"时代，到尧舜时，已经有了成文的礼仪制度，就是"五礼"——吉礼、凶礼、宾礼、军礼和嘉礼。作为华夏民族的祖先，圣贤唐尧、虞舜、夏禹等，他们本身都是讲究礼仪的典范。传说尧年轻的时候十分敬重老人，同辈之间也是礼让三分。他每次都把狩到的猎物平分给众人，自己只拿最少的一份，有时还把自己的一份再分送给年迈体弱的老者。他的德行受到众人的称颂，所以大家都推选他为首领。

尧舜时期的礼仪经夏、商、周千余年的不断发展和传播，日趋完善。周朝前期的三位君主文王、武王、成王，均十分重视礼仪，还专门设置礼官，掌管天下礼仪。在这一时期，我国古代礼仪制度发展到了较为成熟的阶段。

春秋时期，孔子把"礼"推向了一个至高无上的地位。孔子是我国历史上第一位"礼仪专家"，他要求所有的人都"克己复礼"，教育他的弟子们做到"非礼勿视"、"非礼勿听"、"非礼勿言"。为了宣扬古代礼制，他不远千里，从鲁国到西歧向老子学礼。管仲则把"礼"看作人生的指导思想和维系国运的支柱。他说："礼义廉耻，国之四维，四维不张，国乃灭亡。"

汉武帝时期，"废黜百家，独尊儒术"的治国方略确立后，礼仪作为社会道德、行为标准，其重要性上升到了前所未有的高度。此后，历朝历代都在朝廷设置掌管天下礼仪的官僚机构，如：汉代的大鸿胪（lú）、尚书礼曹，魏晋时的祠部（北魏又称仪曹），隋唐以后的礼部尚书（清末改为典礼院）等。同时，礼仪学著述越来越重要。汉代把《仪礼》列为五经之一，是读书人的必修之课；西汉戴德、戴圣在研究前人礼书著作的基础上，编纂《礼记》一书，也被列为十三经之一；尔后，历代礼学研究者再在这些礼书的基础上进一步研究，先后编著了《周礼注疏》、《仪礼注疏》、《礼记正义》、《礼说》、《礼记集解》、《礼记集说》、《礼书通故》、《礼书纲目》等数以千计的礼学著作，使礼学成为中国历史文化中一门重要学科，对人类的文明进步起了推动的作用。

1. 祭天

冬至祭天，通常在国都的南郊圜（yuán）丘，也叫郊祭，始于周代。古代的最高统治者是"天子"，号称"君权神授"，祭天活动就是为巩固他们的统治地位而举行的。祭天盛行到清代才宣告结束。

2. 祭地

夏至祭地，礼仪与祭天大致相同。汉代称地神为地母，说她是赐福人类的女神，也叫社神。祭地礼仪还有祭山川、土神、谷神、社稷等。

今人举行的"祭天盛典"

3. 宗庙之祭

宗庙制度源于祖先崇拜，人们为求亡灵庇佑而为其建造的寄居所就是宗庙。帝王的宗庙制是天子七庙，诸侯五庙，大夫三庙，士一庙，庶人不准设庙。宗庙的位置，天子、诸侯设于门中左侧,大夫庙左而右寝,庶民则是在寝室中灶堂旁设祖宗神位。

宗庙祭祀还有对先代帝王的祭祀,据《礼记·曲礼》记述,凡于民有功的先帝,如:黄帝、帝喾(kù)、尧、舜、禹、文王、武王等,都要祭祀。自汉代起始修陵园、立祠,祭祀先代帝王。明太祖则始创在京都总立历代帝王庙。明嘉靖时在北京阜成门内建立历代帝王庙,祭祀先王三十六帝。

4. 对先师、先圣的祭祀

汉魏起,尊周公为先圣,孔子为先师;唐代尊孔子为先圣,颜回为先师;唐宋以后,一直沿用释奠礼,作为学礼及祭孔礼;南北朝时,每年春秋两次行释奠礼,各地设孔、颜庙;明代称孔子为"至圣先师";清代,盛京(现辽宁沈阳)设孔庙,定都北京后,以京师国子监为太学,立文庙,称孔子为"大成至圣文宣先师"。

5. 相见礼

下级向上级拜见时要行拜见礼,官员之间行揖拜礼,公、侯、驸马相见行两拜礼。下级居西先行拜礼,上级居东答拜;平民相见,依长幼行礼,幼者施礼。

四、古代生活礼仪

1. 诞生礼

诞生礼是指从妇女怀孕前求子开始,直到新生儿周岁,围绕长寿展开的礼仪,包括"三朝礼"、"满月礼"、"百日礼"、"周岁礼"等礼仪。"三朝礼"是婴儿降生三日时接受外婆家的赠礼;"满月礼"是婴儿出生满一个月时剃胎发;"百日礼"时,行认舅礼、命名礼;"周岁礼"时,行抓周礼,以预测小儿一生命运、事业吉凶。

2. 成年礼

成年礼也叫冠礼,是指为跨入成年人行列的男子加冠的礼仪。它从氏族社会盛行的成丁礼演变而来。汉代沿袭周代冠礼制度;魏晋时,加冠开始用音乐伴奏;唐宋元明都实行冠礼;清代废止。

充电站

成 丁 礼

《管子》[①]说,越国青年热爱祖国,当敌人入侵时,纷纷凿齿表示成人,参军打仗。断发、文身和拔牙、凿齿都是表示成年的标志。这是母系氏族社会"成丁礼"的遗俗。

最早的成丁礼,是摩梭家屋在大年初一为来自母系血缘、年满13岁(虚岁)孩子举行的一项人生礼仪。在举行成丁礼之前,摩梭孩子一律只穿麻织长衫,不穿成人的裙子或裤子,行过成丁礼之后才穿裙子或裤子,故成丁礼又称穿裙子礼或穿裤礼。

汉族男子20岁行加冠礼,女子15岁行加笄(jī)[②]礼。

---

① 《管子》一书托名管仲所作。它大约是战国及其后的一批零碎著作的总集。汉代刘向编订时定为86篇,今存76篇。管仲,春秋初期政治家,公元前685年为齐卿,辅佐齐桓公。
② 笄是古代的一种簪子,用来插住挽起的头发,或插住帽子。

3. 飨（xiǎng）燕饮食礼仪

飨在太庙举行，重点在礼仪往来，而不在饮食。"燕"即"宴"，燕礼在寝宫举行，主宾可以开怀畅饮。燕礼对中国饮食文化的形成有着深远的影响，节日设宴在中国民间食俗上形成了节日饮食礼仪：正月十五吃元宵，清明节吃冷食，端午节吃粽子、喝雄黄酒，中秋节吃月饼，腊月初八喝腊八粥，辞岁迎新吃饺子等，都已成为节日的饮食习俗。

4. 宾礼

宾礼主要是对客人的接待之礼。与客人往来的馈赠礼仪有等级差别。"士相见，宾见主人要以雉为贽（zhì）[①]；下大夫相见，以雁为贽；上大夫相见，以羔为贽。"

5. 五祀

五祀指祭门、户、井、灶、中（中室）。周代是"春祀户，夏祀灶，六月祀中雷（liù）[②]，秋祀门，冬祭井"。汉魏时按季节行五祀，孟冬三月"腊五祀"，总祭一次。唐宋元时采用"天子七祀"之说，祀司命（宫中小神）、中雷、国门、国行、泰厉（野鬼）、户、灶。明清两代仍祭五祀，清康熙之后，罢去门、户、中雷、井的专祀，只在农历十二月二十三日祭灶，与民间传说的灶王爷腊月二十四朝天言事的故事相合，国家祀典采用了民间形式。

6. 傩（nuó）仪

周代的傩仪是指四季驱邪逐疫。周人认为：自然的运转与人事的吉凶息息相通。四季转换，寒暑变异，瘟疫流行，鬼魂乘势作祟，所以必须适时行傩，以逐邪恶。傩仪中的主神是方相氏。两汉时，傩仪中出现了与方相氏相配的十二兽。魏晋南北朝隋唐沿袭汉制，在傩仪中加入了娱乐成分——方相氏和十二兽角色，由乐人扮演。至今仍有遗存的贵州土家族傩堂戏，它是傩仪最为完整的典型。

礼仪行动

请观赏 2008 年北京奥运会开幕式片段，说一说你从中发现的中华礼仪元素，并加以记录。

_____

_____

_____

_____

主题三　学　"礼"

一、现代礼仪的概念

礼仪是指人们在社会交往中，由于受历史传统、风俗习惯、宗教信仰、时代潮流等因素的

---

① 贽：古人初次拜见尊长时拿的礼物。
② 中雷：亦作"中溜"，古代五祀所祭对象之一。亦即指"宅神"。

影响而形成的,为人们所认同、遵守,以建立和谐关系为目的的各种符合"礼"的精神及要求的行为准则或规范的总和。

由于礼仪是人们在社会、道德、习俗、宗教等方面的行为规范,所以它是人们文明程度和道德修养的一种外在表现形式。

礼仪对个人而言,是一个人思想水平、文化修养、交际能力的外在表现。

礼仪也是人类文明的结晶,是现代文明的重要组成部分。它体现的宗旨是尊重,既是对人,也是对己的尊重,这种尊重总是同人们的生活方式有机地、自然地、和谐地、毫不勉强地融合在一起,成为人们日常生活、工作中的行为规范。这种行为规范包含着个人的文明素养,也体现出人们的品行修养。

二、礼仪的特点

1. 普遍认同性

所谓礼仪的普遍认同性,是指礼仪是全社会约定俗成、共同认可、普遍遵守的准则。一般来说,礼仪代表一个国家、一个民族、一个地区的文化习俗特征。但我们也看到不少礼仪是全世界通用的,具有全人类的共同性,如:问候、打招呼、使用礼貌用语、各种庆典仪式、签字仪式等等。

全世界通用的签字仪式

礼仪的普遍认同性,主要源于共同的经济生活和文化生活。经济的共同性必然导致礼仪的变化,比如现代经济的快节奏、高效率,使现代礼仪向简洁、务实的方向发展。共同的文化蕴育了共同的礼仪。

2. 规范性

所谓礼仪的规范性,主要是指礼仪对具体的交际行为具有规范性和制约性。这种规范性本身所反映的实质是一种被广泛认同的社会价值取向和对他人的态度。无论是言行还是姿态,均可反映出行为主体的思想、道德等内在品质和外在行为标准。

3. 广泛性

所谓礼仪的广泛性,主要是指礼仪在整个人类社会的发展过程中普遍存在,并被人们广泛认同。礼仪无处不在,礼仪无时不在。

4. 沿袭性

所谓礼仪的沿袭性,是指礼仪的形成本身是一个动态发展过程。这种发展变化表现为一种继承和发展。礼仪一旦形成,就有一种相对独立性。我们今天的礼仪形式就是从昨天的历史中继承下来的,有不少优秀的礼仪还要继续传承下去,而那些糟粕、陋习,则会逐渐被抛弃。所以礼仪的沿袭和继承是个不断扬弃的社会进步的过程。随着社会交往的扩大,各国、各民族的礼仪文化也会互相渗透。

三、礼仪的基本原则

1. 宽容的原则

这是指人们在交际活动中运用礼仪时,不仅要严于律己,更要宽以待人。

宽容表现为一种胸襟,一种容纳意识和自控能力,是指要豁达、大度、有气量,不计较和不追究。

2. 敬人的原则

这是指人们在社会交往中,要常存敬人之心,不可失敬于人,不可伤害他人的自尊,更不能侮辱对方的人格。

敬人就是尊重他人,包括尊重自己,维护个人乃至组织的形象。不可损人利己,这也是人的品格问题。

3. 自律的原则

这是礼仪的基础和出发点。学习、应用礼仪,最重要的就是要自我要求、自我约束、自我对照、自我检查、自我反省。

自律就是自我约束,按照礼仪规范严格要求自己,知道自己该做什么,不该做什么。

4. 遵守的原则

这是指在交际应酬中,每一位参与者都必须自觉、自愿地遵守礼仪,用礼仪去规范自己在交往活动中的言行举止。

遵守的原则不仅是对行为主体提出的基本要求,更是人格素质的基本体现。只有遵守礼仪规范,才能赢得他人的尊重,确保交际活动达到预期的目标。

5. 适度的原则

适度就是指应用礼仪时,要注意把握分寸,认真得体。

礼仪是一种程序规定,而程序自身就是一种"度"。礼仪无论是表示尊敬,还是热情,都有一个"度"的问题;没有"度",施礼就可能进入误区。

6. 真诚的原则

这是指运用礼仪时,务必诚信无欺,言行一致,表里如一。

真诚就是在交际过程中做到诚实守信,不虚伪、不做作。交际活动作为人与人之间信息传递、情感交流、思想沟通的过程,如果缺乏真诚,则不可能达到目的,更无法保证交际效果。

7. 从俗的原则

这是指由于国情、民族、文化背景的不同,必须坚持入乡随俗,与绝大多数人的习惯做法保持一致,切勿目中无人,自以为是。

从俗就是指交往各方都应尊重相互之间的风俗、习惯,了解并尊重各自的禁忌,如果不注意禁忌,就可能在交际中引起障碍和麻烦。

8. 平等的原则

平等是礼仪的核心,即尊重交往对象,以礼相待,对任何交往对象都一视同仁,给予同等程度的礼遇。

总之,礼仪是在平等的基础上形成的,是一种平等的、彼此之间相互对待关系的体现,其核心问题是尊重及满足相互之间获得尊重的需求。在交际活动中,既要遵守平等的原则,同时也要善于理解具体条件下对方的一些行为,而不应过多地挑剔。

四、礼仪的作用

1. 尊重的作用

尊重的作用即向对方表示尊敬、敬意,同时对方也会还之以礼。古语说:"礼尚往来",有礼仪的交往行为,蕴含着彼此的尊敬。

2. 约束的作用

礼仪作为行为规范,对人们的社会行为具有很强的约束作用。礼仪一经制定和推行,久而久之,便可能成为社会的习俗和行为规范。任何一个生活在某种礼仪习俗和行为规范环境中的人,都自觉或不自觉地受到该礼仪的约束。

3. 教化的作用

礼仪具有教化作用,主要表现在两个方面:一方面是礼仪作为一种道德习俗,它对全社会的每个人都在施行教化;另一方面,礼仪的形成、完备和凝固,会成为一定社会传统文化的重要组成部分,它以"传统"的力量不断地由老一辈传继给新一代,世代相继、世代相传。礼仪的教化作用对社会进步具有极为重大的意义。

4. 调节的作用

礼仪具有调节人际关系的作用:一方面,礼仪作为一种规范、程序,作为一种文化传统,对人们之间的相互关系起着规范、约束和及时调整的作用;另一方面,某些礼仪形式、礼仪活动可以化解矛盾,建立新关系。

礼仪行动

请在周末外出时观察周围的不符合礼仪原则的现象,并予以记录。

_____

_____

_____

_____

主题四　行　"礼"

小组时间

1. 交流"主题一　识'礼'"课后调研的结果,同时一起找一找,我们经常忽略哪些日常礼仪细节,将讨论结果归纳在下列空白处。

_____

_____

_____

2. 头脑风暴,即在 3 分钟内,各小组成员对以下问题畅所欲言地发表自己的看法:

在家里的时候,我们应当在哪些地方讲究礼仪?

请举例说明,自由发言,并记录在下列空白处。

_____

_____

_____

　3. 各组派一名代表,参加一分钟即兴演讲比赛——"我的长辈对我说……",比一比哪组的调研最成功。

🍀 礼仪行动

　1. 每位同学参加"搜集电子版《华夏礼仪小故事》大行动",由课代表负责汇总大家的搜集成果,并由擅长图文编辑的同学完成编辑工作,全班总动员,共同打造属于我们班的"故事集"!

　2. 全面开展故事集的征名活动,一起为故事集起一个好听又有意义的名字吧!加油!

第二章　各国民俗礼仪初体验

"表面上礼仪有无数的清规戒律，但其根本目的在于使世界成为一个充满生活乐趣的地方，使人变得和易近人。"

——[美]波斯特《西方礼仪集萃》

主题一　Etiquette——西方礼仪之源

中国人常用"你路上辛苦啦"表示对访客的问候，而英国人则说"Did you enjoy your trip?"（旅途愉快吗）来向客人问好。由此细微之处，我们就能看出中西礼仪文化的不同。

在西方，礼仪一词，最早见于法语"Etiquette"，原意为"法庭上的通行证"。古代法国为了保证法庭中活动的秩序，将印有法庭纪律的通告证发给进入法庭的每个人，作为遵守的规矩和行为准则。当这个词进入英文后，就有了"礼仪"的含义，引申为"人们在交往中应当遵循的规矩和准则"。

充电站

握手礼和脱帽礼

热爱和平的人们为了表示自己手里没有武器，让对方感觉到自己是安全的，于是创造了举手礼，经演变成了如今的"握手礼"。

同样，古代的武士们为了表示自己对对方的友好，便当着对方的面"丢盔卸甲"，经演变成了如今的"脱帽礼"。

在古希腊的文献典籍（如：苏格拉底、柏拉图、亚里士多德等先哲的著述）中，都有很多关于礼仪的论述。中世纪更是礼仪发展的鼎盛时期。文艺复兴以后，欧美的礼仪有了新的发展，从上层社会对遵循礼节的繁琐要求，到 20 世纪中期对优美举止的赞赏，一直到适应社会平等关系的比较简单的礼仪规则。

历史发展到今天，传统的礼仪文化不但没有随着经济发展和科技进步而被抛弃，反而更加多姿多彩。各民族有其独特的礼仪习俗，国际上也有共同遵守的礼仪惯例等。有的国家和民族对不遵守礼仪规范者，制定了处罚规则。有的国家把礼仪作为公民就业前的"入门课"，被企业录用的毕业生，必须先经过严格的礼仪训练，才能上岗工作。

一、西方称呼礼仪

西方人的姓名排序与我国相反，名在前，姓在后。一般称男士为先生（Mr.），称未婚女士为小姐（Miss），称已婚女士为太太（Mrs.），或统称女性为女士（Ms.）。

对一些有特殊身份的人，则将其职业放在姓名之前一同称呼，也可以只称呼其职业，如：

礼仪与生活

参议员（Senator）、将军（General）、上尉（Captain）、教授（Professor）、医生（Doctor）、法官（Judge）、主教（Bishop）等。

二、西方社交礼仪

在社交场合结识朋友，一般需有第三方作为介绍人。如果没有介绍人，也可以作自我介绍，但一般不先伸手与对方握手或直接问对方姓名，而是等待对方的回应。如果对方没有回应或介绍他自己，则应该礼貌地道谢并离开。

通常情况下，将男士先介绍给女士，将年轻人先介绍给长者，将职位较低者先介绍给职位较高者。相互认识后可以说："Glad to meet you!"（很高兴认识你）

三、西方谈话礼仪

西方人一般倾向于以个人为中心，但重视保护个人的隐私，因此通常不会谈及较私人的事情，忌讳直接询问他人的年龄，谈论老人或女性的年龄则更为敏感。打听他人的去向，或者询问对方的婚姻状况、经济收入、宗教信仰等，都是不礼貌的行为。与人交谈须保持一定距离，以维护各自的"个人空间"，如果想坐在谈话者旁边，须先征得同意。

四、西方拜访礼仪

在西方，去别人家里作客或赴邀，必须提前预约并且准时到达，否则是非常不礼貌的。如果准备了小礼物，要在交给主人时说"希望你喜欢"，而不是"小小礼物，不成敬意"。

主人收到礼物后，最好马上打开，当面赞扬并道谢，表示自己很喜欢。

西方人不喜欢别人对自己家里的装饰或摆设指手画脚，因为他们认为这些同样是个人隐私。对待主人家的宠物需友好，因为它们是主人的好朋友，甚至有些主人视宠物为家庭成员。

当面打开礼物并道谢

五、西方用餐礼仪

正式的西餐宴会礼仪与我们的用餐礼仪有较大的差异。西方人"以个人为中心"的特点同样也体现在餐桌上，他们几乎没有劝酒、劝菜的行为，而是按个人喜好自行布菜。

一般情况下，等到所有客人的第一道菜都上齐了之后，女主人会拿起她的刀叉，示意大家开始用餐。西餐宴席会为用餐者提供餐巾，通常可以将餐巾铺于膝盖上，以便于及时擦去嘴上或手指上沾到的食物。

餐巾可铺于膝盖上

用餐时,身体要尽量坐正,双臂不能横于胸前或叠放在桌上。切割食物时应左手持叉,右手用刀,避免刀在盘子上发出响声。中途如需放下刀叉,应将刀叉以"八"字型摆放于盘子上;当刀叉合拢放在一起时,则表示用餐完毕。将食物完全咽下后才能喝水或汤;用玻璃杯喝水时,应先擦去嘴上的油渍,以保持杯子的清洁。用餐过程中始终保持沉默也是不礼貌的,但说话前要先将食物咽下。上菜后,当招待员走到自己位置的左边时,才能取菜。

用餐完毕,待女主人起身后,方可离开;用过的餐巾应留在桌上。

礼仪行动

1. 各组分角色扮演西方家庭,组与组之间相互邀请并约定互相拜访,活动中注意观察并找出行为举止不符合西方礼仪之处。

2. 由老师扮演主人,邀请各组代表来家中作客,并设宴款待。每组再各派一名同学担任评委,负责对其中一位客人的举止行为进行评价。

3. 同时请各组的其他同学在下列空白处记录下本组代表参加宴会时应当改进之处,于宴会结束后进行点评。

_____

_____

_____

_____

_____

主题二 欧洲风情

一、浪漫国度——法国的服饰礼仪

法国人对于衣着的讲究,闻名遐迩。所谓的"巴黎式样",在世人眼中等同于时尚和流行。

在正式场合,法国人通常要穿西装,女士着套裙或连衣裙,颜色多为蓝色、灰色或黑色,质地则多为纯毛。

出席庆典仪式时,法国人一般要穿礼服。男士穿配以领结的燕尾服,或是黑色西装套装;女士穿连衣裙式的单色大礼服或小礼服。

对于穿着打扮,法国人认为重在搭配。在选择发型以及手袋、帽子、鞋子、手表、眼镜等配件时,都十分强调要使之与自己的整体着装协调一致。

二、童话国度——丹麦的社交礼仪

丹麦人在社交场合一般都行"握手礼"。有的姑娘在高雅的场合与身份较高的男子见面时,还会行丹麦古老的礼节——"屈膝礼";有的还将手伸出,手掌自然下垂,示意对方施"吻手礼"。

礼仪与生活

丹麦的社交礼仪

如果用一根火柴或用打火机打一次火给三个以上的人点烟，会让丹麦人觉得很不吉利。由于丹麦人非常爱喝酒，因此每次聚餐时，必然事先指定一人担当司机，而这个人则自始至终不得喝一滴酒，否则就无法驾车了。

到丹麦做生意，最好选在每年的 9 月至次年的 5 月，因为当地很多商人会选择 6 月至 9 月去度假。尽管丹麦商人擅长推销，但他们讨厌过度地讨价还价。丹麦人不喜欢数字"13"，也不喜欢星期五。

在空闲的时候，丹麦人不喜欢跟别人谈论公事或者政治、社会问题，也讨厌别人打听自己的隐私。跟丹麦人交往还是找些轻松的话题比较好。

三、热情的民族，严谨的国度——德国的礼仪

德国人在社交场合喜欢直接称呼头衔；见面或告别时，总习惯互相间一遍又一遍地握手。

德国人宴会用餐的席位原则是"以右为上""女士优先"。一般男士要坐在女士或职位较高男士的左侧，当女士离开餐桌或回来时，男士一定要站起来，以表示礼貌。德国人很讲究会客或宴请的地点，注重设备的豪华和现代化程度。

他们不注重服装的花哨时髦，但很注重衣冠的整洁。观看文艺演出，男士要穿礼服，女士要穿长裙。

他们最爱蓝色的矢车菊，并视之为国花，用以启示人们小心谨慎、虚心学习，他们认为矢车菊象征着日耳曼民族爱国、乐观、俭朴等特征。

四、花园之国——荷兰的礼仪

在荷兰从事商务活动，宜穿式样保守的西装，拜访前必须预约。荷兰人时间观念强，讲究准时。荷兰商人喜爱相互招待宴请，往往早餐丰盛；上午十点休息，享用茶点；中午大吃一顿；下午四点又休息，享用茶点；晚上七点正式吃晚餐；睡前还有一次宵夜。荷兰有"花园之国"的美誉，因此登门拜访时送花给主人总会受到欢迎，不过务必选单数，5 朵或 7 朵最佳。

荷兰人喜欢送花

荷兰人对倒咖啡有特别的讲究，只能将咖啡倒至杯子的三分之二处；倒满是失礼的行为，被视为缺乏教养。

荷兰的家具和室内装饰闻名于世，所以荷兰人喜欢别人恭维他们的家具、艺术品、地毯等家中摆设。谈话时要避免谈论钱和物价，比较受欢迎的话题是旅行和体育。

五、举止端庄、优雅大方——瑞士的礼仪

瑞士人与外国人相遇，不分国籍和民族，总要点头问好；行走间也习惯相互让路；若你无意中碰着对方，他可能还会向你微笑地说声"对不起"。主动道歉是瑞士人的良好传统风尚。

瑞士人与客人对话时，习惯轻声细语，他们喜欢优雅、安静的环境。他们性格爽快、注重感情，每逢客人拜访，他们都要以一锅又一锅的干奶酪鸡蛋糊和白酒等传统美食来热情款待。

他们喜欢红、黄、蓝、橙、绿、紫色，以及红白相间或者浓淡相间的二重色。他们对数字"11"倍加偏爱与崇拜，视其为吉祥的数字。

瑞士人的时间观念很强，习惯按时赴约。他们在聊天时，喜欢议论体育、旅游、政治及关于瑞士的话题。他们偏爱葱头，既乐于品尝用葱头制作的各种风味的菜肴，又习惯将葱头制成各种艺术品，供欣赏或佩戴。

瑞士人十分珍视火绒草，用它来象征至高无上的荣誉并视之为国花，常将它作为最珍贵的赠礼赠送给外国友人，以表达友好、诚挚、崇敬之意。

六、欧洲文明发源地——希腊的礼仪

希腊人落落大方，有礼貌，尤对老人最尊敬，和年长者说话要带尊称，年轻人凡事都要谦让长者。在希腊，黄、绿、蓝、白四种颜色最受欢迎，被认为是积极向上的色彩。

希腊人待客真诚，慷慨得使人难以置信。你若对他们的东西表示赞赏，他们会诚恳地将这件东西送给你；若不接受，他们会不高兴，认为你看不起他们。他们在高兴之时爱大笑，不过发怒之时也爱大笑。他们对手帕的运用很讲究，主要用在外出散步时，夹在白色的短衫中央，以表示有气派，还喜欢挥舞着手帕跳舞。

希腊人有些表达方式很独特，如：表示"告别"，是把手背朝向对方招手；表示"招呼别人来"，是将右手腕弯拢，朝自己胸前来回晃动；表示"不是"、"没有"、"不同意"，是稍向上昂头（即微微将下巴一抬），同时将眉毛一扬；他们的"咋舌"动作，并没有轻视人的意思，而是引起别人注意的一种信号，但不会对长辈或朋友使用。

在希腊，橄榄树是和平与智慧的象征。橄榄枝是平安、和平、友好的吉祥物。希腊人把马蹄铁视为最灵验的护身符，认为它是幸运的象征，并具有驱魔辟邪的神奇力量。

礼仪行动

请观赏一部欧洲影片的片段，说说这是哪个国家，结合课堂所学把其中的礼仪风俗复习一下，并予以记录。

礼仪与生活

主题三　各国礼仪禁忌种种

一、商务礼忌

东南亚:跷起二郎腿,鞋底悬着颠来颠去,交易可能会当场告吹。

中东:严忌饮酒、吸烟、拍照、谈论女性、中东政局和国际石油政策。

俄罗斯:切忌直呼该国人为"俄国人"。

英国:忌系有纹的领带,可能被认为是军队或学生校服领带的仿制品;忌以皇室的家事为谈话的笑料;忌直呼该国人为"英国人"。

法国:忌过多地谈论家庭及个人的隐私。

南美:忌穿浅色服装,忌谈当地政治问题。

德国:忌胡侃与多余的闲谈。

瑞士:给瑞士的公司寄信,收信人应写公司的全称,忌写公司工作人员的名字。

美国:不必过多地握手与客套。

芬兰:不在宴会上谈生意;忌讳迟到,且不要忘记向女主人送上 5 朵或 7 朵(忌双数的)鲜花;忌谈当地的政治问题。

二、生活禁忌

日本人:忌用绿色作装饰色,表示不祥。

印尼中爪哇人:忌晚间出门吹口哨,表示招鬼、遇灾。

不丹人:忌留山羊胡子,表示越轨行为。

印度人:忌将小孩放在浴盆里洗澡,表示不流动的死水。

中东地区人:忌用左手给别人递物,因为他们认为左手不洁。

捷克人:忌讳红三角图案,表示巨毒。

欧美人:忌用左手握手,忌让贵宾坐于左侧,表示失敬、卑下。

匈牙利人:忌打破玻璃器皿,表示逆运的先兆。

比利时人:忌着蓝色服装,忌以蓝色物作装饰,表示不祥、恶兆。

英国人:忌在公共场合直接提"厕所"一词,不礼貌。

法国人:忌用核桃招待客人或作装饰物,表示不祥。

匈牙利人忌打破玻璃器皿

意大利人:忌以手帕为礼品,表示亲友分离。

希腊人:忌养猫,因为他们认为猫将引人至阴间。

埃塞俄比亚人:忌出门作客时穿黄色服装,因该色有哀悼死者之意。

巴西人:忌用黄与紫的调配色作为装饰色,表示恶兆。

三、送花的忌讳

山茶花、仙客来：日本人在探望病人时，忌送山茶花、仙客来。因为山茶花凋谢时整个花头落地，不吉利；仙客来的日语读音中有与"死"字发音相同的音节。

白花：在欧洲，人们以花为礼时，除生日与命名日①之外，一般忌用白色鲜花。日本人也不喜欢白花。

香气浓烈的花：一些欧洲国家，人们探望病人时，往往忌用香气浓烈的或具有特殊象征意义的鲜花。送予中年人的，忌用小花；送予年轻人的，忌用大花。

盆花：在以花为礼的交往中，欧洲人爱用切花，忌用盆花，但在复活节之际，可用盆栽的风信子为礼。

欧洲人忌送白色鲜花

菊花：在欧洲许多国家，人们忌用菊花为礼，因为他们认为菊花是墓地之花。日本人忌用菊花作室内装饰，他们认为菊花是不吉祥的。许多拉丁美洲人，将菊花视为"妖花"，他们也忌用菊花装饰房间，忌以菊花为礼。

双数花：波兰人与罗马尼亚人以花为礼时，花束中的鲜花必须是单数，即使一枝也可，忌讳双数，但罗马尼亚人的生日除外。

干花：波兰人忌送干花或枯萎的花。他们认为，送干花或枯花，意味着情谊的终结。

郁金香：德国人往往忌以郁金香为馈赠品，他们认为它是无情之花。

黄玫瑰：英国人忌送黄玫瑰。他们认为，黄玫瑰象征亲友分离。

黄花：法国人、日本人往往忌送黄花。法国人认为黄花象征不忠诚。

紫花：巴西人忌用绛紫色的花为礼，因为他们惯以紫花为葬礼之花。

🍀 礼仪行动

请以小组为单位，到花店做一番市场调研，了解各种花所代表的意义，并进行比较，谈谈在不同国家花的意义是否一样，并加以记录。

---

① 命名日：命名日是和本人同名的圣徒纪念日。主要在一些天主教、东正教国家庆祝，比如希腊。

礼仪与生活

一、日本

日本人一男一女走在路上时,女子走在右边;如果挽手行走,是女子挽着男子。日本人抽烟一般是自己抽,很少主动敬你一支,因为日本人认为香烟是有害身体的。日本人一有伤风咳嗽,外出时就戴上白色的口罩。

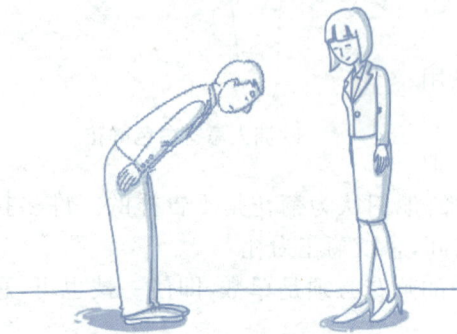

日本人的鞠躬之礼

在日本人之间,鞠躬仍是见面和分别时的必行之礼;在与外国人接触时,日本人已逐渐习惯用握手代替鞠躬了。不过,你仍可能会受到"弯腰之礼"。遇到这种情况该怎么办?一般说来,点一下头或稍微弯一弯腰,并同时将手伸向对方,就可以了。

日本人说恭维话的方式也与西方人不一样。西方人会对你个人在贸易上的成就或公司的成就直接表示赞赏,而日本人却常常兜着圈子说。比如,如果日本人想称赞你的修养,他不会直截了当地表示,而是对你办公室的装饰发表些议论,即所谓"借题发挥"。

即便在商务活动中,欧美人也常常邀请谈判对手到家里作客或参加鸡尾酒会,但在日本,这样的社交活动是不常见的。日本人喜欢邀请客人到饭店或餐馆吃饭,然后再到酒吧喝酒。日本商人把招待客户视为影响客户的一个重要手段。

小组时间

1. 在课前收集一个5分钟左右的日本连续剧或电影片段。
2. 观看影视片段。数一数,在整个过程中,剧中的人物一共鞠躬几次?

二、韩国

韩国是我国的近邻,韩国人十分重视礼仪道德的培养,尊敬长辈是韩国民族恪守的传统礼仪。在生活中,他们的见面礼仪是行鞠躬礼,互相深深地鞠躬,表示尊敬和谢意。男子见面只需微微一鞠躬,然后互握双手或合手;分别时也鞠躬。男子不能主动与妇女握手。

三、泰国

泰国在世界上素有"佛教之国"、"大象之国"、"微笑之国"等称誉。它也有许多独特的风俗礼仪,如:泰国人在日常交往中不喜欢与人握手,见面时常用的是"合十礼"。

行合十礼时,要立正站好,双手十指并拢,掌心相对。双手举起的高度不同,给予对方的礼遇也不同,通常有四种规格:一是举到前额下,用于晚辈向长辈施礼;二是举于胸前,多用于长辈向晚辈还礼;三是举到鼻子下,一般用于平辈间;四是举过头顶,只用于平民拜见泰王时。

泰国人在递送物品时,有自己独特的方式,左右手代表不同的意义:给别人递物品时须用右手,正式场合双手奉上,如用左手则会被认为是鄙视他人。就座时跷腿被认为是不礼貌的行为;把鞋底对着别人,就代表将别人踩在脚下,被认为是一种侮辱性举止;妇女坐时要双腿并拢,否则被认为缺乏教养。走过别人面前,必须躬着身子,以示歉意。就餐时,按辈分入座,长者在上首(酒席宴间最尊之位),喝酒吃菜都由长者先动手。

泰国人见面行合十礼

四、印度

印度是一个人口众多的国家。在生活中,印度人也是非常注重礼节的。印度人在相互见面时双手合十,或行握手礼,但对妇女是不可主动握手的。印度人以玫瑰花环献给贵宾,宾主相互问好后,主人将花环套在客人脖颈上。花环大小视客人的身份而异:献给贵宾的花环很粗大,长度过膝;给一般客人的花环则长度仅及胸前。

五、巴基斯坦

巴基斯坦属于南亚国家,大部分巴基斯坦人信仰伊斯兰教,禁忌猪肉类食品,也不使用猪皮制品。巴基斯坦人见面时以问候语为主,第一句话就是"真主保佑",以示祝福。告别时多讲祝愿的话,比如"真主保佑你一路平安","真主保佑你全家团圆"等。礼节动作各地不一,一般以左手贴在胸前,右手举在额前,表示敬意。

六、马来西亚

马来西亚人在社交场合一般施握手礼。熟人相见,男子之间互相接触一下右手,然后各用右手扪胸示礼。妇女见到男子,先用手巾盖住手掌再同男子的手掌接触,然后把手向胸前伸出作抱状,身体稍向前弯下鞠躬,这是一种传统礼节。马来西亚人平易近人,无论何时何地,总是显得愉快乐观,不知忧虑。他们喜欢开玩笑,认为"笑口常开"是一种礼貌。

礼仪行动

一起到网上搜一搜,了解更多国家的礼仪,制作一些礼仪知识小卡片。

礼仪与生活

校园礼仪篇

第三章　在交往中提升礼仪修养

主题一　初次见面,请多关照

"敬人者,人恒敬之;爱人者,人恒爱之。" ——孟子

"人有礼则安,无礼则危。" ——《礼记》

"有礼貌不一定显得有智慧,无礼貌却常常显得很愚蠢。" ——[美]兰道

日本人通常第一次与人见面都会说:"初次见面,请多关照。"那么我们日常交际中第一次见面,通常怎么打招呼呢?

小组时间

1. 各组同学相互交流一下,介绍一下自己的同桌。看看每组各有多少种答案。

2. 总结一下,我们组一般如何称呼自己的同学?大家一起分析一下,为什么有些同学不习惯跟新同学打招呼呢?

一、见面时的称呼

称呼是指人们在正常交往应酬中,彼此之间所采用的称谓语。在日常生活中,称呼应当亲切、准确、合乎常规。正确恰当的称呼,体现了对对方的尊敬或亲密程度,同时也反映了自身的文化素质。

朋友、熟人间的称呼,既要亲切、友好,又要不失敬意,一般可通称为"你"、"您",或视年龄大小在姓氏前加"老"、"小"相称,如:"老王"、"小李"。

在社交场合,对陌生人的称呼,男子不论婚否,都可统称为"先生"。称呼女子则根据其婚姻状况而定,对已婚的女子称"夫人"、"太太"或"女士",对未婚的女子称"小姐"。如不明其婚姻状况,以称"女士"为宜。对教育界、文艺界新结识的人,都可敬称为"老师"。

对有身份者或长者,可用"先生"相称,也可在"先生"前冠以姓氏。对德高望重的长者,可在其姓氏后加"老"或"公",如:"郭老"、"夏公",以示尊敬。

在非正式场合或向陌生人问讯时,为表示亲近,可以亲属的称谓称呼对方,如:"哥哥"、"姐姐"、"叔叔"、"阿姨"、"老伯伯"、"老奶奶"、"阿公"、"阿婆"等。

注意同学之间不要随意取外号,尤其是带有一定歧视与侮辱性的外号,一般不用这样的称谓来称呼同学。

二、见面打招呼

走在路上或在公共场所,遇见相识的人,应该主动打招呼,问候致意,可以说"您早"、"您

礼仪与生活

好"、"晚上好"。别人向你打招呼后,也要应答,向他致意,否则不礼貌。有时也可面带微笑,注视对方并点头致意,这也是一种向人问候的好方法。在学校里,无论什么时候,遇到老师都要主动地停下来,变成站姿,以示尊重,主动问候:"老师好!"一些同学觉得老师可能没有看到自己或者认为老师不一定在意,所以选择从边上或者对面悄悄走开,这是非常不礼貌的行为,要积极主动地向老师问候。我们还可以选择鞠躬礼、点头礼等方式向老师问候,同时辅以上述语言,会表现得更为彬彬有礼。

熟人见面互相打招呼

同学与同学之间见面,不要认为不重要就忽视礼节,其实同学之间的友爱需要平时的悉心维护。同学们假期结束回到学校,一段时间没有见面后再相逢会感到分外亲切,这时同学们不要采用相互之间大声叫着对方的名字,拍拍打打的形式来表达相互之间的友谊,而应注意谈吐要文雅,行为要文明。

对外国朋友,要按他们国家的习惯用外语打招呼,如:与英美等国家的朋友初次见面时,可用"Nice to meet you";熟人可用"How are you?",有时也直接用"Hi"或"Hello"来打招呼。

根据我国的习俗,见面打招呼常说"吃过饭了吗"、"上哪儿去呀",但如果你面对的是外国人,用这种方式打招呼可能会引起误会,他们会误认为你要请他去吃饭,或是干涉他的私事。

三、自我介绍——良好的第一印象

在日常生活中,人与人之间需要进行必要的沟通,以寻求理解、帮助和支持。介绍是最常见的与他人认识、沟通、建立联系、增进了解的方式。在社交活动中,想要结识别人,而又无人引见时,可以向对方作自我介绍。

自我介绍的内容,可根据实际的需要和所处的场合而定,要有鲜明的针对性。在某些公共场所和一般性社交场合,若自己并无与对方深入交往的意愿,作自我介绍只是为了向对方表明自己的身份,这样的情况只需介绍自己的姓名,如:"您好,我叫许惠原","我是蔡莉"。有时,也可对自己姓名的写法作些解释,如:"我叫陈华,耳东陈,中华的华"。

如希望新结识的对象记住自己,作进一步沟通与交往,自我介绍时不仅可以报上姓名、单位、职务,还可提及与对方某些熟人的关系或与对方相同的兴趣爱好,如:"我叫谭兆英,是校学生会的宣传部长,与你班的王强是小学同学","我是李海星,是10国商(3)班的体育委员,我和你一样也是个球迷"。

老师在讲座开始前先作自我介绍

若在讲座、报告、庆典、仪式等正规、隆重的场合向出席人员介绍自己时，还应加一些适当的谦辞和敬语，如："各位来宾,大家好,我叫王旦华,是××职校的学生,今天与大家谈谈自己对班长工作的一些心得,有不当之处请给予指正"。

进行自我介绍，要简洁、清晰，充满自信，态度要自然、亲切、随和，语速要不快不慢，目光正视对方。在社交场合或工作联系时，自我介绍应选择适当的时间，当对方无兴趣、无要求、心情不好，或正在休息、用餐、忙于处理事务时，切勿去打扰，以免尴尬。

四、为朋友作介绍或引见

为他人作介绍是指第三人为彼此不相识的双方引见的介绍方式。在一般情况下，为他人介绍都是双向的，即第三人对被介绍的双方都作一番介绍。有些情况下，也可只将被介绍者中的一方向另一方介绍，但前提是前者已知道、了解后者的身份，而后者不了解前者。

为他人作介绍，要先了解双方是否有结识的意愿，要慎重自然，不要贸然行事。最好先征求一下双方的意见，以免为原来就相识者或关系不和者作介绍。介绍时，根据实际需要的不同，介绍内容也应有所不同，一般只介绍双方的姓名、单位、职务，有时为了推荐一方给另一方，介绍时可以说明被推荐方与自己的关系，或强调其才能、成果，以便于新结识的人相互了解与信任。如："王丽,这位是我初中同学张晶,他歌唱得很棒！张晶,这位是我们班长王丽。"同时，应该礼貌地用手示意，而不要用手指去指点。

为他人作介绍

为他人介绍时，要注意顺序。应把男士先介绍给女士，把年轻的先介绍给年长的，把职位低的先介绍给职位高的。

作为被介绍者，应当表现出结识对方的热情，目视对方。被介绍时一般应起立。

礼仪行动

1. 和同学相互交流一下，通常见到不同的人怎样打招呼，看看有多少种答案。
2. 总结一下，我们平时在生活中有没有打招呼的习惯？为什么要养成打招呼的习惯呢？

主题二　尊师重教，从细节做起

中国是礼仪之邦，尊师重教是中国人的美德。教师带领我们打开了知识的大门，他们的工作虽然没有轰轰烈烈的场面，只是在一方小小的讲台上默默无闻地耕耘、浇灌，平凡而艰辛，却蕴含着伟大，创造着神奇。人的成长、成才离不开教师。所以我们要尊师重教。

一、礼貌接递物品

1. 递交物品

在校园中，同学之间、师生之间相互交流，经常会有传递物品的行为，学生向老师交作业本，同学之间传递学习用具等，都要从细节做起，要讲究礼仪规范。

递送茶杯

向老师递交书本、文件或书刊杂志时，应使文字正面朝着对方，不可倒置，双手奉上。

递交笔、刀剪之类的尖利物品时，需将尖头朝向自己，而不要指向对方。

递送茶杯应左手托底，右手握住杯把，可放置于对方面前或身侧茶几，并将茶杯把指向对方右手边。一次性杯子则可双手奉上。

递交物品时一般在胸部高度进行递送，不宜过高或过低，目光注视对方。

2. 接受物品

对于对方恭敬递来的物品，要同样恭敬地用双手去接，同时点头示意或道谢。

二、课堂内外需有礼

在中国历史上，凡较有作为的政治家、思想家、教育家无不重视教育，尊重教师。古人云："三教圣人，莫不有师；千古帝王，莫不有师。""不敬三师，是为忘恩，何能成道？"回顾古圣先贤对尊师重教的精辟论述，应对我们有深刻启示。

1. 上课前后要问好

老师走进教室，班长喊"起立"，全体学生应立即起立站直（起立时注意不要让桌椅发出很大的声响），向老师行注目礼（或问好），待老师回礼后再坐下，坐下时动作要轻。

下课铃响，在听到老师说"下课"后，班长喊"起立"，同学们全体起立，向老师行注目礼（或道别），待老师离开课堂后再自由活动。

迟到的同学应先在教室外喊"报告"，待老师允许后方可进入教室。

2. 不当课堂行为要避免

课堂上，有疑问提出或想回答问题时，应先举半臂右手，经老师允许后起立发言，不应边举手边说。对老师讲述的内容有异议时，可下课后单独找老师交换意见，共同探讨；若在课堂上非提不可时，也要注意时机和方式，态度要诚恳、谦虚、恭敬。

学生衣着要整洁。夏天上课时不能赤脚、穿拖鞋，不可敞胸露怀。坐姿要端正，听讲时不要扇扇子，冬天课堂上不应穿大衣，戴帽子、戴手套或口罩，围围巾。不要在课堂上随便离开或走动、吃东西、喝水、嚼口香糖、打瞌睡、听随身听、使用手机等。

三、尊敬老师，在我们生活的每一天

教师的首要职责是利用合理有效的教学方式，通过课堂教学来完成知识的传授。为了讲好每一节课，教师们都要花费很大心血。因此，学生应以最饱满的精神，认真听讲，积极思考,听好每一节课,认真、独立完成各种作业,并且认真体会老师在作业上的悉心批阅,这是对老师辛苦劳动的最大尊重,是尊敬老师的具体表现。

教师的职责不仅是教书,还要育人。教师对每一位学生提出的鼓励或者批评,都是为了帮助学生尽快地成长起来,因此学生应该虚心接受教师的批评教育。

充电站

进出老师办公室礼貌口诀

门外站立喊报告,得到允许方进入,走到身旁一米处,
临行不忘一鞠躬,告别后退两步走,随手轻轻门关好。

学生对老师应虚心诚恳,言行有礼,在行动上应按规范去做。早上进校见到老师,不管他是否给自己授课,均应行礼,问早、问好,一般以鞠躬礼问候。平日在校园内与老师相遇,也应打招呼问好。如在楼道或较狭窄的地方遇到老师,应主动向右侧靠,给老师让道。

礼仪行动

1. 请同学们对照本主题的知识点一起作一次"批评与自我批评",看看我们还有哪些细节没有做好。

2. 针对我们存在的问题,设计一个改进行动计划。

_____改进行动计划

礼仪与生活

_____

_____

_____

_____

主题三　益友亦是良师，学会交友礼仪

一、好朋友握握手

小组时间

要求：

1. 老师将全班同学分为若干小组，然后请任意一位同学，随机地走到某一个小组，与该组的全体同学一一握手。

2. 请这位同学谈一谈，与不同的同学握手有什么不一样的感受。

3. 这位同学可以邀请另一位同学重复完成"要求1"和"要求2"。

4. 其他同学分别与同桌同学练习握手。

问题：

1. 握手是不是很难？难在哪里？

2. 握手前和握手后，你有什么不同的感受？

握手是大多数国家相互见面和道别时的礼节。此外，它还含有感谢、慰问、祝贺或相互鼓励之意。握手的标准方式是行至距握手对象一米处，双腿立正，上身略向前倾，伸出右手，四指并拢，拇指张开与对方相握。握手时用力适度，上下稍晃动三四次，随即松开手，恢复原状。与人握手，神情要专注、热情、友好、自然，面含笑容，目视对方双眼，同时向对方问候。

在校园里，学生在一般情况下向教师都是行鞠躬礼，而当学生获得某种奖励，到台上领奖时，一方面从教师手里双手接过奖品或奖状，另一方面要与教师行握手礼，接受教师的祝贺。结识新朋友的时候，也可以互相握手表示友好。

握手作为一种礼节，应掌握以下四个要素。

1. 握手力度

在一般情况下，握手不必用力，握一下即可。有时为了表示热情友好，握手应当稍许用力，但以不握痛对方的手为限度。男子与女子握手时不能握得太紧，西方人往往只握一下妇女的手指部分，但老朋友可以例外。

2. 握手的先后顺序

握手的先后顺序为：男女之间，男士要等女士先伸手后才能握手，如女士无握手之意，可用点头或鞠躬致意；长幼之间，年幼的要等年长的先伸手，以示尊敬。多人同时握手切忌交

叉,要等先握的人握完后再伸手。

3. 握手时间

握手时间的长短根据握手双方亲密程度而定。初次见面者,握手一般应控制在 3 秒钟以内。切忌握住异性的手久久不松开。即使握同性的手,时间也不宜过长。但握手时间也不宜过短,否则会被人认为傲慢冷淡,敷衍了事。

4. 握手禁忌

握手时精神要集中,双目注视对方,微笑致意,不要看着第三人,更不要东张西望,不要在握手时戴着手套或墨镜,另一只手也不能插在口袋里。握手时不宜发表长篇大论,也不宜点头哈腰,过分客套,这只会让对方不自在、不舒服。

好朋友握握手

![充电站图标] **充电站**

鞠躬礼和拱手礼

鞠躬礼是对别人表示恭敬的一种礼节,既适用于庄严肃穆或喜庆欢乐的仪式,也适用于一般的社交场合。比如领奖人上台领奖时,向授奖者及全体与会者鞠躬行礼;演员谢幕时,对观众的掌声常以鞠躬致谢;演讲者也用鞠躬来表示对听众的敬意。在一般的社交场合,晚辈对长辈、学生对老师、下级对上级等都可行鞠躬礼。行鞠躬礼之前,须脱帽,呈立正姿势,面带笑容,目视受礼者。男士双手自然下垂,贴放于身体两侧裤线处;女士双手自然下垂搭放在腹前。然后上身前倾弯腰,下弯的幅度可根据施礼对象和场合来决定。鞠躬的度数一般为 60 度;90 度的大鞠躬常用于特殊场合。

鞠躬礼

拱手礼

在我国,拱手礼是一种民间传统的会面礼,是人们表示祝贺、祝愿的一种施礼方式。其姿势是起身站立,上身挺直,两臂前伸,双手在胸前高举抱拳,通常为右手握拳,左手抱右手,上下略摆动几下。在我国,拱手礼通常用于以下场合:每逢重大节日,比如春节等,邻居、朋友见面时,常拱手为礼,以表祝愿;为欢庆节日而召开的团拜会上,大家欢聚一堂,互相祝福,常以拱手致意;婚礼、生日、庆功等喜庆场合,来宾也可以拱手致意的方式向主人表示祝贺;双方告别,互道珍重时,可用拱手礼;有时向对方表示歉意,也可用拱手礼。施拱手礼时往往辅以寒暄语,如:"恭喜,恭喜"、"久仰,久仰"、"请多多关照"、"节日快乐"、"后会有期",等等。

二、校园亲密伙伴

同学间应互相尊重，不能伤害他人的自尊心。对于同学遭遇的不幸、偶尔的失败或学习上暂时的落后等，不应该嘲笑、漠视、歧视，而应该热情帮助。不能嘲笑有生理缺陷的同学。对同学的相貌、体态、衣着等，不能品头论足。男女同学之间交往要互相尊重，谈吐举止要有分寸，交往既要大方得体，又不能轻浮。开玩笑要讲究分寸，不要动手动脚、打打闹闹。

同学之间应和睦相处，团结友爱，互帮互助，共同进步。对同学的缺点、错误，既不可包庇祖护，也不能挖苦讽刺，应互勉互励。对取得优异成绩或进步明显的同学，应该虚心学习、衷心祝贺，不应嫉妒。

学习上，同学之间要互相帮助。成绩好的同学要戒骄戒躁，同时要主动、真诚地帮助学习暂时落后的同学。学习暂时落后的同学应虚心请教，千万不能照抄作业。同学之间有意见分歧时，可心平气和地讲道理，不能用不文明的语言辱骂同学，更不能粗暴地动手打架。

时时处处都应与同学礼貌相待。每天早上同学相见时，应相互致意，问早、问好。有求于同学时，须用"请"、"谢谢"、"麻烦你"等礼貌用语。借用学习用品时，应先征得同学的同意后再拿，用后及时归还，并致以感谢。

在教室里要随时保持安静，保持教室的整洁，维护良好的学习环境。课间不要在教室里追跑打闹，以免损坏教室桌椅，影响其他同学的学习、休息。课间休息时，在楼道内行走要靠右慢行，不要快速奔跑或急拐，遇到同学时，应放慢脚步、礼让。

参加校内各项集体活动，要遵守时间，不迟到、不早退，要谦让有礼。观看影剧时，将好票让给同学。参加劳动、游玩等活动时，大同学要爱护小同学，男同学要照顾女同学。进出校园或其他活动场所时，也要互谦互让，按秩序进行，不可乱拥乱挤，如果无意碰撞或踩踏了别人，应及时赔礼道歉。

三、朋友相处之道

1. 学会换位思考

无论发生什么事情，都要首先想想是不是自己做错了。如果自己没错，那么就站在对方的立场，体会一下对方的感觉。

2. 宽容大度

允许别人自由行动或判断，耐心而毫无偏见地容忍与自己的观点或公认的观点不一致的意见。

3. 要有礼貌

礼仪就是示人以尊重，不要把别人的好，视为理所当然，要懂得感恩，这样你就会正确看待同学间的矛盾。

4. 诚实守信

信守承诺，但不要把别人对你的承诺一直记在心上并信以为真。尽量不要向同学借钱，即使借了，也一定要及时归还。不要推脱责任。

5. 学会赞美

嘴要甜，不要吝惜你的喝彩声。有人在你面前说别人坏话时，你只需微笑即可。

练习握手,要求:
1. 分角色扮演主人、客人及客人的朋友。
2. 由主人接待,客人向主人介绍自己的朋友。
3. 相互握手致意。

第四章　看！我们出色的公众形象

主题一　走路、乘车，我们的位置在哪里

"良好的秩序是一切美好事物的基础。"

——伯克

"古者小学，教人以洒扫、应对、进退之节，爱亲、敬长、隆师、亲友之道，皆所以为修身、齐家、治国、平天下之本。"

——朱熹

一、三人行，我该走在中间吗

小组时间

任务背景：

小张陪同母亲到学校拜访老师，正巧在电梯口遇上了班主任王老师，于是打了招呼，一起进了电梯。

任务要求：

1. 请各小组同学根据"任务背景"的提示，编排1分钟的迷你情景剧，要求至少包括"打招呼"、"进电梯"两个环节的对话和表演。

2. 各组同学分角色扮演"小张"、"小张的母亲"和"王老师"，由组长担任"导演"。

3. 表演完成后，请"导演"说一说，本组"演员"是否充分贯彻了其意图，有哪些闪光点和不足之处。

一般情况下，我们走路时靠右行走。当与其他人并肩走在路上时，请记得将马路内侧的位置留给长者、年幼者或女士行走。

不要在人行道上骑自行车，因为这既违反交通规则又不礼貌，也不要在人行道上溜直排轮，更不要三五成群并排走路，占据整个路面。

我国（除香港、澳门地区）实行右侧通行原则。那么按照礼仪规范：两人并行，以右为尊；三人并行，中间为尊。如果三人并行，请年长者走在中间。如果两男一女并行，请女士走在中间。至于四人同行，则不宜并排走路，而要两两并行。

提有体积较大的物品时，为了不妨碍到对面来的行人，物品要拿在右手上。几人一起行走时，提东西的人通常走在右边。如果女士手拎重物，男士应主动代劳。

如对面有人迎面走来，应往右侧避让。为了给女士或长者让路，男士要退到旁边，甚至退出人行道。不要在人多拥挤的地

男士主动帮女士拎重物

方停下来交谈,以免在人潮里造成拥堵,那往往会给过往行人带来不快。

二、自动扶梯左行右立

随着社会的进步,自动扶梯已成为车站、机场等公共交通场所的一种常见设施。当你搭乘自动扶梯时,你是否了解搭乘的礼仪与规范呢?

搭乘自动扶梯时"右侧站立,左侧急行",是与国际接轨的文明规则,也是城市文明程度的标志之一。上自动扶梯时,尽量靠近梯级右侧,留出左侧空间作急行通道,以备有急事的行人通行。

上自动扶梯前,要系紧鞋带,留心松散、拖曳的长裙、礼服等衣物被梯级边缘、梳齿板等挂住或拖曳。在扶梯入口处,还要讲秩序,不推挤,让老人、儿童、残障人士先上。

在自动扶梯上,不能将头部、四肢伸出扶手装置以外,以免受到障碍物、天花板或相邻的自动扶梯的撞击。不要将拐杖、雨伞尖端或者高跟鞋尖等尖利硬物插入梯级边缘的缝隙中或者梯级踏板的凹槽中,以免造成人身意外伤害。

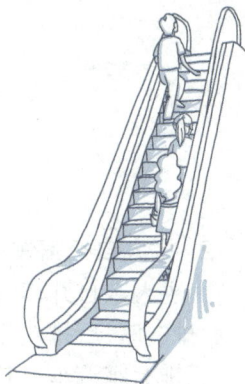

自动扶梯左行右立

乘坐自动扶梯时,不要将随身携带的箱包、手提袋等放在梯级踏板上或手扶带上,以防忘记提携时东西滚落得到处都是,也不要蹲坐在梯级踏板上。不要在梯级上扔垃圾,更不可在梯级上蹦跳、嬉戏、奔跑,或运送笨重物品。

三、自驾车里看宾主

小组时间

任务背景:

一天,小周同学接到任务,要跟随班主任秦老师一同前往某青少年活动中心参加先进班级颁奖典礼。于是校领导请学校的司机许师傅开车送他们。小周与秦老师来到了轿车旁,准备上车出发。

任务要求:

1. 见右图,司机座旁及后排共四个乘客位,你认为小周应该坐在哪个位子?若条件允许,请现场示范。

2. 请各组派代表发表各自的观点,并说明理由。

汽车座位示意图

如上图所示,有专职司机或搭出租车时,后座最右边为首位(最尊贵的位置),最左边次之,中间位置更次之,司机座旁边的副架驶座最末。

1. 乘坐出租车或由专职司机驾驶车辆

出租车,或由专职司机驾驶车辆时,双排五座轿车上其他四个座位的座次,由尊而卑依次应为:后排右座、后排左座、后排中座、副驾驶座。

礼仪与生活

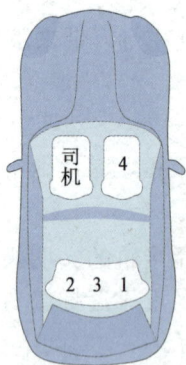

出租车座位示意图　　　　　主人驾车座位示意图

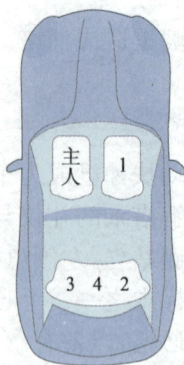

2. 主人自行驾车前往

由主人亲自开车时，双排五座轿车上其他四个座位的座次，由尊而卑依次应为：副驾驶座、后排右座、后排左座、后排中座。

三排七座汽车上其他六个座位的座次，由尊而卑依次应为：副驾驶座、后排右座、后排左座、后排中座、中排右座、中排左座。

四、公共交通属公众

乘坐公共交通，男士要让女士、老人、幼童、孕妇、残障人士先上，下车时男士要先下，帮助同行的女伴或老人下车。如果有老、弱、病、残、孕人士上车，要主动让座。有人给你让座时，不要表现出理所应当的样子，而应该致以诚挚的谢意。若有人为你让座而你却不想坐，应当有礼貌地说明理由，比如下一站就要下车。

在车厢内不要随地扔垃圾；也不能毫无顾忌地打喷嚏。不能把脚伸到车厢走道上，以免防碍其他乘客走动。车厢拥挤时，不能把提包或者其他行李放在座位上占用座位。不要在车厢内大声说话，不论谈的是学校里的事，还是家里的事。

★ 小组时间

任务背景：

公交车上两个女生模仿某电子产品广告，一边用手机大声播放音乐，一边又唱又跳大"秀"起来。

任务要求：

1. 小组讨论：她们的行为是否妥当？为什么？
2. 角色扮演：如果你是她们的同学，应当如何劝阻？请分角色扮演。

五、出租车小学问大

乘坐出租车时，有礼貌地要求司机放慢车速是可以的。但反过来，即便有急事，也不应催促司机开快车，万不得已时，可以在上车时说明情况紧急，其余一切由司机来定夺。

一般男女同行由男士叫车，同时男士应帮助女士上车（女士坐后排），然后自己坐在副驾驶位置。

下车时,若不是赶时间,不妨向司机微笑道谢,感谢他为你提供的服务。

礼仪行动

1. 三人并行,何者较尊贵?( )

A. 中间行者　　　B. 右边行者　　　C. 左边行者　　　D. 无限制

2. 搭乘朋友便车(轿车)时,应坐在什么位子较为合适?

主题二　图书馆里文明的我们

"爱护书籍吧,它是知识的源泉。"

——高尔基

"秩序意味着光明和安宁,意味着内在的自由和自我控制;秩序就是力量……秩序是人类最大的需要,是真正的幸福所在。"

——阿米尔

小组时间

任务背景:

这个周末,让我们一起去图书馆吧。

任务要求:

1. 请各小组在图书馆查阅书籍、报刊,搜集有关"美丽"的素材。

2. 设计一张调查问卷,访问一下图书馆的其他读者,听听看,大家在那里除了"安静"还需要什么?

3. 把搜集来的信息整理成文字和图表,并且为学校图书馆设计三个标语。

4. 把各项成果制做成电子演示文稿,在下周的课上一起交流。

假期、周末或闲暇的时候,许多同学都喜欢到图书馆的阅览室去看书学习。图书馆是公共场所,为了创造良好的阅读环境,同学们都要自觉遵守以下礼仪规范。

一、衣着整洁,遵守秩序

去图书馆要穿着整洁,不能穿背心和拖鞋入内。进图书馆时,不可争先恐后,要依次进入。进入阅览室后,不要为自己的同伴预占座位,也不要去霸占暂时离开的读者的座位。

二、保持安静和卫生

在图书馆里,走路时脚步要轻;不要高声谈笑,尽量少说话;避免将桌椅弄出声响;保持室内

图书馆中需注意保持安静

礼仪与生活

干净,不吃有果壳的食物。有些同学利用阅览室休息、打瞌睡,这样既不利于健康,同时也占用了公共资源,非常不妥当。

三、爱护图书

图书馆的图书是公共财产,不能为了个人利益而损坏属于大众的图书。阅览时,不要在书本上写字、画线、折角,更不能撕页。看书前最好能洗一洗手,以保持书的整洁。看书时需要哪一段,可以抄下来,也可经图书管理员允许后拿去复印,但绝不能撕下书页。读书人应像爱护自己的眼睛一样爱护图书,这应该是每个同学皆有的品德。另外,在阅览室看书时,应一本一本地取下来看,不可同时占用多份书刊;阅后要迅速将书籍放回原处,以便他人取阅。

四、借书要及时归还

有的同学借了一本热门书,便会不自觉地生出将其"占为己有"的念头,迟迟不还,这是缺乏社会公德的表现。当我们借到一本书时,要抓紧时间看,并及时归还,心中应存有"还有好多人也想看这本书"的念头,要多为别人着想。

礼仪行动

> 1. 请各组成员回顾课堂活动,谈一谈需要改进的地方。
> 2. 然后将在课堂上展示的多媒体文件整理成文,完成一份交流报告。

主题三 餐厅中礼貌的我们

一、食堂里文明有序地就餐

1. 有秩序

进入餐厅要安静有序,拿取餐具要相互礼让,不急跑,不插队,不争抢,不拥挤。排队领取饭菜。如果和师长在一起吃饭,要请长辈先入座。

学校食堂中文明就餐

2. 有礼貌

坐在座位上的时候,两脚自然并拢,双腿自然平放,坐姿自然,背挺直。骨、刺以及吃剩的其他食物、残渣,不要随地乱吐,也不要直接吐在桌上,可以放到餐具里或吐到自己准备的其他盛具里。

3. 不喧哗

吃东西或喝汤时要小口吞咽,闭嘴咀嚼,尽量不发出声响。食堂里不可以大声喧哗。物品轻拿轻放,餐具使用完毕后,归放到原位。

4. 不浪费

应该爱惜食物,不要随便剩饭、剩菜。如果有无法吃的饭、菜,要倒进指定的泔水桶里,不要往洗碗池、洗手池里倒。和师长、同学以及熟悉的人在一起吃饭,先吃完的时候要说"大家慢慢吃"。

5. 不抱怨

不要当着食堂工作人员的面,抱怨饭菜不好。如果有必要的话,可以以婉转的语气去提些建议。

二、生活中用餐时要注意的举止

吃中餐时,使用汤碗或饭碗时,要把碗端起来以碗就口,不能伏在桌上就着碗吃,喝汤时可用汤匙舀起一些,待稍凉时再喝,汤匙要横拿,略略倾斜,以汤匙前端靠近嘴边,将汤倒入嘴里。吃西餐时,要以刀、叉、汤匙等餐具来就口,千万不要弯腰低头吃饭、喝汤,这不但失礼,而且很难看。

说话时,不要用刀、叉、筷子等餐具指着别人,或敲打桌面、杯子等,既危险又失礼。吃饭时,不可随意打嗝、打哈欠,若控制不了,要向邻座道歉;若打嗝不止,最好离座到洗手间,稍后再返回座位。

使用牙签剔牙时,要以另一只手遮住嘴巴,否则会令人觉得恶心。不要口中叼着牙签与人交谈,否则显得轻浮。

不可随意糟蹋食物,尝一口就不吃。对于不一定喜欢的食物,可礼貌性地取少量尝一下。

用餐时不要大声喧哗,不但会影响别人用餐,有时还会引起不必要的争执。

三、餐厅入座的礼仪

席位是表示敬意的一个重点,一般在餐厅内的上席位置是:①离门、厕所远的座位;②背靠墙的座位;③面对窗户或美景的位置。

1. 中餐餐桌的座位

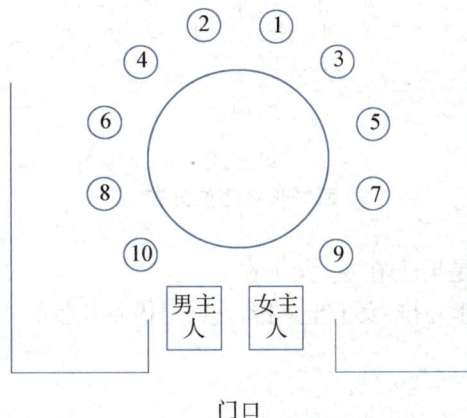

中餐圆桌座位分布

吃中式餐饮,大多以圆形桌子为主。不要一进门就随便坐下去,要是坐到首位上,就不礼貌了。

2. 西式餐桌的座位

西式餐饮的餐桌排列多数采用长排型;如果人数较多,则采用 T 字型;U 字型排列气氛较严肃,适用于商业谈判而不宜于一般宴请,最好避免。

正式的西餐,男女主人分坐长桌两端,女主人座位对门,男主人座位背对门,离主人座位越近则是越重要的宾客。女主人的右手边第一个位子为第一男主宾的位子,左手边第一个位子是第二男主宾的位子;同样,男主人的右手和左手边也分别是第一、第二女主宾的位子。

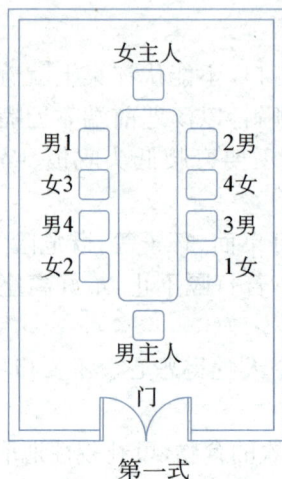

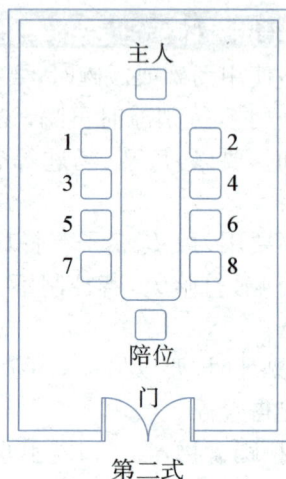

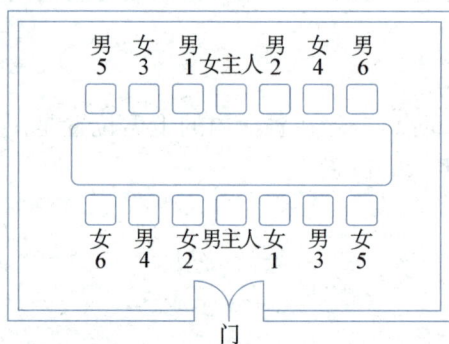

第一式

```
              女主人
   男1 □      □ 2男
   女3 □      □ 4女
   男4 □      □ 3男
   女2 □      □ 1女
              男主人
                 门
```

第二式

```
               主人
    1 □        □ 2
    3 □        □ 4
    5 □        □ 6
    7 □        □ 8
               陪位
                 门
```

第三式

```
   男  女  男  女主人  男  女  男
   5   3   1          2   4   6
   □   □   □   □      □   □   □

   □   □   □   □      □   □   □
   女  男  女男主人  女  男  女
   6   4   2      1   3   5
              门
```

西餐长桌座位分布

如果夫妇并坐,座次应是男士在左,女士在右。

西式宴会中很忌讳男士坐一排,女士坐一排,这样是极不礼貌的安排,一定要男女交叉隔坐。

小贴士

不论中餐或西餐,若邀请辈分、地位高于男女主人的客人,则男女主人必须谦让,让贵宾坐主座,自己则改坐末座,以示尊重。

礼仪与生活

1. 请大家分小组在本周到学校食堂展开"啄木鸟行动",寻找学校食堂里的不和谐或不文明现象,收集、整理文字、图片素材,制作一个电子演示文稿,在下一堂课一起交流。

2. 请写一份"净化食堂倡议书"。

主题四　寝室文明不容忽视

宿舍是住校的同学们共同生活的场所,每天可能有近三分之二的时间是在宿舍里度过的。所以宿舍的生活直接影响着同学之间的人际关系及同学们的学习状况。

宿舍也是反映精神文明和礼仪修养的一个窗口,一定要格外重视。

一、宿舍内的卫生

应经常打扫寝室,包括地面、桌椅、橱柜和门窗等,保持宿舍内外整洁。

床上用品要保持干净、整洁。被褥要折叠得整齐美观,并统一放在固定位置上,蚊帐钩挂好,床单不应露出床边,床上不应放置其他物品。

衣服、水杯、饭盒、热水瓶等,要统一、整齐地放在规定的地方。

自己重要的书、衣服、用品等,不要乱丢乱放,要放在自己的橱柜内。

宿舍内外不应该乱写乱画,要保持墙面干净。

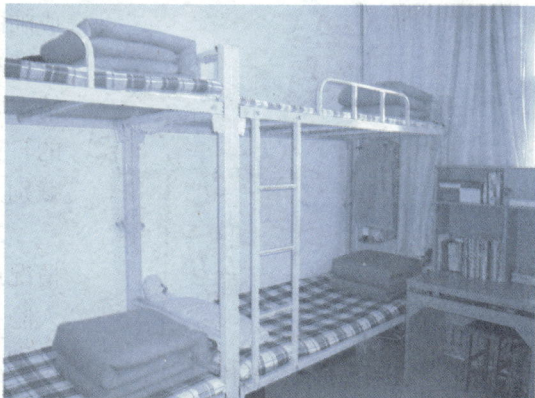

寝室中保持整洁

严禁私接电源和使用大功率灯泡、电烙铁,以及电炉、电热水器、电吹风、"热得快"等。任何时候都严禁在寝室里炒菜做饭。

如果是住楼上,严禁向楼下倒水。

寝室要多通风,保持良好清新的空气。换下的脏衣服、脏鞋袜等必须及时洗干净,以免时间长了影响宿舍里的空气质量。

💡 小贴士

严禁吸烟、酗酒、赌博。这是作为学生必须严格遵守的纪律。

二、访客与接待

在宿舍里串门时,应有同学相邀,或得到该寝室其他同学允许时,才可以串门。进门后,应主动向其他同学打招呼，并且只坐在邀你的同学的铺位上，不能随处乱坐。不能随意使用别人的物品，不能随意翻动别人的东西。讲话声要轻，时间要短，不能逗留太久，以免影响其他同学的正常作息。

到异性同学的宿舍去，除注意上述要求外，还要注意选择好时间，不要选择在多数同学要处理生活问题的时候，或将近熄灯时分过去，而且谈吐要文雅，逗留时间更应短暂。

接待亲友或外人来访时，在他们进入寝室前，自己应先向在室内的其他同学关照。如果是异性亲友或外人来访，自己更要事先关照，说明情况，要在室友同意并有所准备之后，再让客人进。客人进寝室后，自己应主动为同学作介绍，同室的同学也要礼貌待人，这样既尊重客人，也尊重同学。不能留人住宿。

同学之间要互相关心，但要尊重他人隐私。关心应有限度，如果过分热心于别人的私事，可能会侵犯他人的个人权利。有意或无意地干预别人的私事，也可能会造成令人难堪的后果。

不可私拆他人信件

不可以私自翻看别人的日记。有些同学没养成随时收拾东西的习惯，连日记本也随便丢在枕边或课桌上，甚至就翻开着放在那里。但是无论什么情况，别的同学也不应以任何借口去私自翻阅他人的日记。集体宿舍人多，信件也多，不可以私拆、私藏别人的信件。

不打探同学的隐私。有些同学不愿将自己的情况或家里的事告诉别人，也不愿细谈。这属于个人隐私，应受到尊重，他有权不谈自己的私事。凡是别人不愿谈的事，都不要去打听。当同学有亲友来访，需要谈一些私事时，其他同学要适当回避，决不要在一旁偷听，更不要插嘴询问。如果有同学离校去处理个人私事，也没必要去打听、追根寻源，只要知道该同学是否向班主任或学校请假即可。

🍀 **礼仪行动**

1. 请大家编排一个小品，主题为"到同学寝室作客"。请各组完成小品的剧本。

2. "大家来找茬"——各组两两交换剧本，对照课堂所学的内容，指出对方剧本中在礼仪方面需要改进的地方。

3. 一起来演出，并且收集各组剧本，编成班级的"电子剧本集"。

职场礼仪篇

第五章　让我们成为彬彬有礼的现代职场人

"礼仪是微妙的东西,它既是人们交际所不可或缺的,又是不可过于计较的。"

——培根

"礼仪不良有两种:第一种是忸怩羞怯;第二种是行为不检点和轻慢。要避免这两种情形,就只有好好地遵守下面这条规则,就是,不要看不起自己,也不要看不起别人。"

——约翰·洛克

主题一　举止得体:参加工作,你准备好了吗

听故事·学礼仪

春秋时代,越国有一位美女名叫西施,无论举手投足还是一颦一笑,样样都惹人喜爱。西施平日只略用淡妆,衣着朴素,走到哪里,哪里就有很多人向她行"注目礼",没有人不惊叹她的美貌。

西施患有心口疼的毛病。有一天,她的病又犯了,只见她手捂胸口,双眉皱起,流露出一种娇媚柔弱的女性美。当她从乡间走过的时候,乡里人无不睁大眼睛注视。

乡下还有一个女子,名叫东施,相貌一般,没有修养。她平时动作粗俗,说话大声大气,却一天到晚做着当美女的梦,今天穿这样的衣服,明天梳那样的发式,却仍然没有一个人说她漂亮。

有一天,东施看到西施捂着胸口、皱着双眉的样子竟博得这么多人的青睐,便也学着西施的样子,手捂胸口,紧皱眉头,在村里走来走去。哪知娇揉造作使她的样子更难看了。结果,乡间的富人看见东施的怪模样,马上把门紧紧关上;乡间的穷人看见她走过来,马上拉着妻子、带着孩子远远地躲开。

思考与讨论:这则故事给了我们什么样的启示呢?

仪态,泛指人们的身体所呈现出来的各种动作姿态,亦指身体的具体造型。有时,仪态又叫做姿态、仪姿。仪态,是社交中的无声语言,是个人性格、品质、情趣、修养等的外在表现。因此,我们在自己的工作岗位上,务必要高度重视体态的正确运用。

一、有效运用体态语

要做到更为有效地运用体态语,主要需要注意三个问题:

其一,应当增强自己运用体态语的自觉性。我们要善于观察各种具体的体态语及其综合状况,在此基础上,对自己的种种体态语进行认真的自我检查,最后还应当在实践中自然地运用各种体态语,并检验其实效性。

其二,应当提高体态语与自己的社会角色以及所处情境的对应性。做到了这一点,才能

礼仪与生活

使自己的体态语为他人所理解,从而也使本人为他人所接纳。

其三,应当使体态语的运用有益于表明自尊与敬人之意,要真正做到这一点,就必须认真克服自己在仪态方面的不良之习,努力做到文明、礼貌、优雅、大方。

二、准确理解他人的体态语

要准确地理解他人的体态语,同样也要求注意以下三个问题:

其一,他人的体态语,往往与其个人性格、当时特定的环境有一定的联系。所以,理解他人的体态语,要因人而异。孤立地仅从某一体态语去判断他人的本意,难免产生误会。

其二,确认他人每一个具体的体态语的本意,通常应从整体上考察,这主要是因为,在一般情况下,一个人体态语的使用,大都整体协调,相互呼应,而不太可能孤立地出现。

其三,只有在真正体验到他人内心情感的前提下,才有可能准确地理解各种体态语。

三、时刻保持良好姿态

小组时间

1. 想一想:上图中两个女孩不同的站姿,你更加喜欢哪一个?
2. 检查一下:自己平时站着的时候有没有出现这样的仪态呢?

☐ 身躯歪斜　　　☐ 弯腰驼背　　　☐ 趴伏倚靠　　　☐ 双腿叉开

☐ 双腿弯曲　　　☐ 双手插腰　　　☐ 双手抱胸　　　☐ 半坐半立

☐ 全身乱动　　　☐ 摆弄物件

如何才算是站直了呢?很简单:站直的时候,人的耳际线应与脚踝骨在一条直线上。朋友之间可以相互检验,也可以自我测试:将头、背、臀、脚跟都紧贴在墙上,腰部与墙之间至多能插进一只手，没有多余的空间。

小贴士

　　动作要领是：上体正直、头正目平、下颌微收、挺胸收腹、双臂下垂、立腰收臀、嘴唇微闭、表情自然。

1. 女士规范的站姿

　　女士规范的站姿为：头正，双目平视，表情自然，面带微笑，自然平和。下颌微微内收，双肩平行、放松，双手自然下垂，手掌向内，手指自然弯曲，双腿并拢，脚后跟靠拢，两只脚尖应相距 10 厘米左右，其张角为 45 度，呈"V"字状。

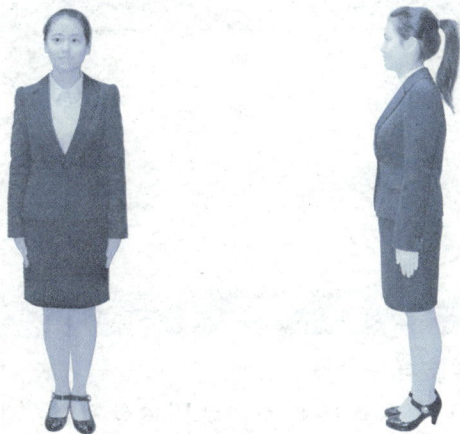

女士规范站姿

2. 男士规范的站姿

　　男士规范的站姿为：将身体重心放在两只脚上，头要正，颈要直，抬头平视，面带微笑，挺胸收腹不斜肩，双肩放松，双手自然下垂，双脚直立。双膝和脚后跟并拢，脚掌分开成 50 度左右夹角；或者两腿分开，双脚平行同肩宽。双手可于背后交叉或体前交叉，右手搭在左手上，手指自然弯曲。

双手自然下垂　　　　侧面　　　　双手于背后交叉　　　双手于体前交叉

男士规范站姿

礼仪与生活

使用正确的站姿、坐姿、行姿，并不是在职场上有意识地表现自己，表演和作秀都不是礼仪的内涵，要让它们贯穿于我们的日常生活，举手投足，一言一行，使它们成为习惯，成为自然的事情。

礼仪行动

1. 播放轻音乐的同时，靠墙训练：后脑勺、双肩、臀部、小腿及脚后跟都要紧贴墙壁站立。
2. 两人一组，背靠背站立。

主题二　坐如钟——让我们从最简单的"坐"起

听故事·学礼仪

《韩诗外传》中记载了这样一件事：

一天，孟子气呼呼地对母亲说："我要休妻！"孟母问道："未曾听说媳妇有何不贤之处，为什么要休妻呢？"孟子说："她箕踞(jī jù)！"孟母问："你怎么知道她箕踞？"孟子说："我亲眼所见。"孟母说："你未敲门而入，已失礼在先，如何能以失礼为由休妻？"孟子哑然。

古人席地而坐。"箕踞"其实就是一种不正确的坐姿，即两腿分开，两膝微曲而坐，状如簸箕，因此得名。在史籍的记载中，箕踞多表现出自高自大、目中无人的傲慢之态。以箕踞之姿对人，是对对方的羞辱。例如，《史记》记载，汉高祖刘邦在接见赵王张敖的时候，"箕踞，甚慢易之"，张敖受此羞辱，"啮(niè)指出血"。又如，《战国策》记载，荆轲刺秦王时，"轲自知事不就，倚柱而笑，箕踞以骂"，给秦王以最后的羞辱。所以"坐毋箕"是古代中国人对坐姿的基本要求。

思考与讨论：这则故事给了我们什么样的启示呢？

一、如何入座

1. 在他人之后入座

出于礼貌，尤其是当对方是自己的客户时，一定要请对方先入座，自己切勿抢先入座。

2. 在适当之处就座

在大庭广众下就座时，应当注意椅、凳等的常规位置。要是坐在桌子上、窗台上、地板上，往往都是失礼的。

3. 在合"礼"之处就座

与他人同时就座时,应当注意座位的尊卑,并且主动将上座相让于人。

4. 从座位左侧入座

假若条件允许,最好从座椅的左侧入座。这样做,既是一种礼貌,也易于就座。

5. 向周围之人致意

在就座时,若附近坐着熟人,应主动跟对方打招呼。若身边的人不认识,亦应向其先点头致意。在公共场合,要想坐在别人身旁,有时还须先征得对方同意。

6. 毫无声息地就座

就座时,要减慢速度,放轻动作,尽量不要使座椅乱响,噪音扰人。

7. 以背部接近座椅

在他人面前就座,最好背对着自己的座椅,这样就不至于背对着对方。得体的做法是:先侧身走近座椅,背对其站立,右腿后退半步,以小腿确认一下座椅的位置,然后随势坐下。必要时,可以单手扶座椅的把手。

8. 坐下后调整体位

为使自己坐得舒适,可在坐下之后调整一下体位或整理一下衣服。但是这一切不可与就座同时进行。

二、如何离座

1. 离座时,应先有表示

离开座椅时,身旁如有人在座,应以语言或动作先向其示意,随后方可起身。

2. 注意先后

与他人同时离座,须注意起身的先后次序。地位低于对方时,应稍后离座;地位高于对方时,则可首先离座;双方身份相似时,可允许同时起身离座。

3. 起身缓慢

起身离座时,最好动作轻缓,无声无息,尤其是要避免"拖泥带水"。若一蹦而起,有时会令人受到惊吓。离位后要将座位轻推回原处。

小组时间

要求:

1. 想一想:你平时是怎么坐的?看老师示范正确坐姿。

2. 同学们一起学习以下入座步骤。

参考步骤:

1. 如果是从椅子的后面走向椅子,应从椅子左边走到座位前,以3秒钟左右坐下。

2. 背对椅子,右腿稍向后退,使腿肚贴到椅子边上,保持上体挺直,轻稳坐下。

3. 如果女士穿着低领裙装,入座时应用右手轻轻按住上衣前襟,用左手抚平后裙摆,以优雅的姿态缓缓坐下,显得端庄娴雅。

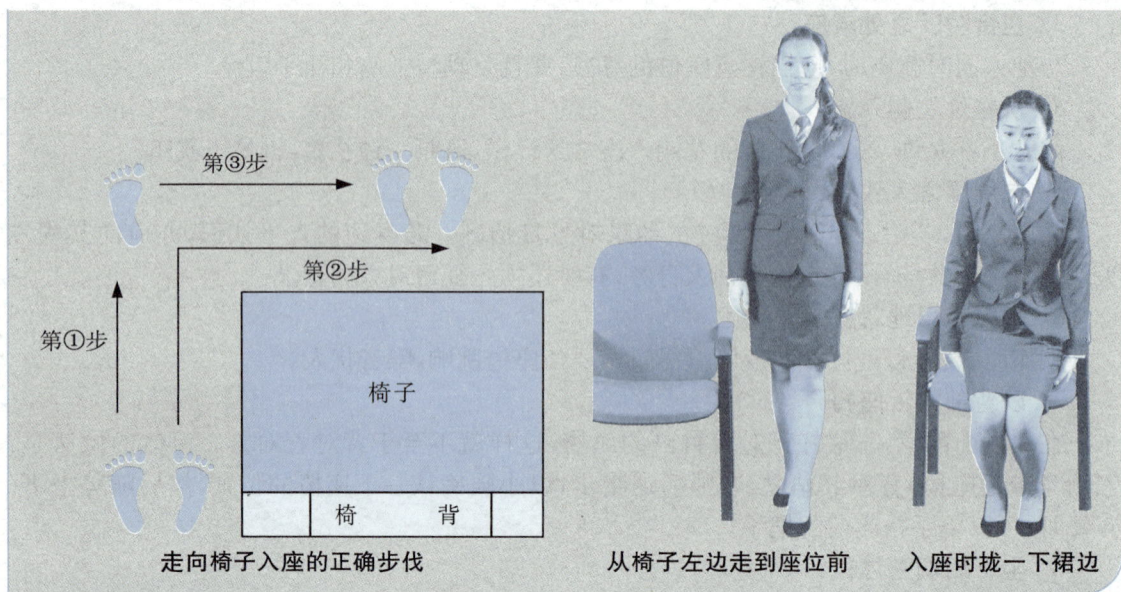

走向椅子入座的正确步伐　　　从椅子左边走到座位前　　入座时拢一下裙边

三、几种正确的坐姿

1. 男士坐姿

（1）垂腿开膝式

上身与大腿、大腿与小腿、小腿与地面皆成直角。双膝分开，但不得超过肩宽。

（2）前伸式

入座时要轻，至少要坐满椅子的 2/3，后背轻靠椅背，将双腿分开略向前伸。

2. 女士坐姿

（1）正襟危坐式（适用于最正规的场合）

上身与大腿、大腿与小腿、小腿与地面都应当成直角。双膝、双脚完全并拢。

（2）双腿叠放式（适用于穿短裙时）

将双腿完全地一上一下交叠在一起，交叠后的两腿之间没有任何缝隙，犹如一条直线。双腿斜放于一侧，斜放后的腿部与地面成 45 度夹角。

（3）前伸后屈式

大腿并紧之后，向前伸出一条腿，并将另一条腿屈后，两脚脚掌着地，双脚前后要保持在同一条直线上。

（4）双腿斜放式

双腿并拢后，双脚同时向右侧或左侧斜放，并与地面形成 45 度左右的夹角，适用于较低的座椅。

男士坐姿（垂腿开膝式）

女士坐姿（正襟危坐式）　　女士坐姿（双腿叠放式）　　女士坐姿（双腿斜放式）

小贴士

入座后，上体自然挺直，头正，表情自然亲切，目光柔和平视，嘴微闭，两肩平正放松，双臂自然弯曲、双手交叠放在腿上，也可以放在椅子或沙发扶手上，掌心向下，双脚平落地面。起立时右脚先后收半步，然后站起。

小组时间

1. 判断以下坐姿正确吗？

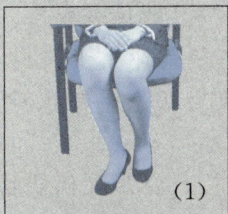 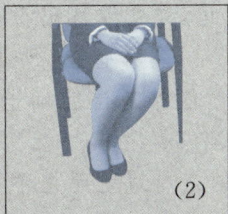 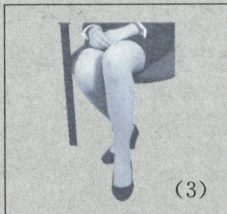 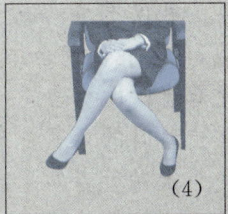

（1）　　　　　　（2）　　　　　　（3）　　　　　　（4）

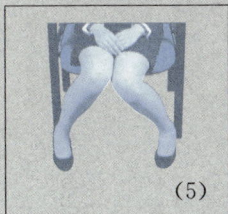 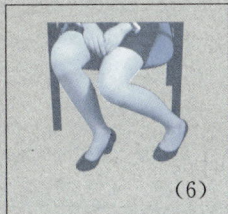  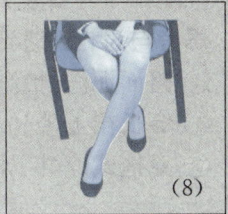

（5）　　　　　　（6）　　　　　　（7）　　　　　　（8）

2. 检查一下自己平时会不会出现这样的坐姿？

☐ 半坐半躺　　　　☐ 双腿叉开过大　　　　☐ 跷"二郎腿"
☐ 架"4"字形腿　　☐ 将腿搁在桌椅上　　　☐ 双腿直挺挺地伸向前方
☐ 腿脚不停晃动

不雅的坐姿会给人轻浮且缺乏教养的印象，是非常失礼的。不论采用哪种坐姿，都应保持背部挺直、腿形优美。

礼仪与生活

坐姿不良易腰酸背疼

对于长期使用电脑的上班族而言,坐姿不良是腰酸背疼的主要凶手。骨科专家指出:我们的脊椎在坐着的情况下就像一根杠杆,如果头部向前倾,为了支撑前倾的头部,骨头的韧带就会产生一个拉力,当力量超过韧带所能负荷的范围时,这个力量就会转移到背部的肌肉上,如果肌肉长时间暴露在张力之下,久而久之,就容易出现颈部酸痛的症状。

礼仪行动

在乘车、上课、看书或写字时,都可以参照正确的坐姿要领进行训练,不要放过每一次机会。久而久之,优美的坐姿便形成了。

主题三 行如风——让我们一起学走路

听故事·学礼仪

春秋时期,儒家学派的创始人孔子一边大力提倡"不学礼,无以立",著书立说,阐述自己的礼仪思想;一边身体力行,严格要求自己,处处表现出符合"礼"的仪表仪态。史书记载,他在礼仪场合中拱手垂腰,神色庄重,"趋,翼如也"。所谓"趋",即小步快走,是古人见尊者时的行路规范。难得的是,孔子居然能够走得使袖子像翅膀一样展开,可以想象其走路时的潇洒姿态。

古人对行姿如此重视,那么今人呢?恐怕是有过之而无不及!行姿是现代职场中最能体现人的精神面貌的姿态。

思考与讨论:遇到以下情形时该如何行走?
① 路面泥泞,怕溅起泥巴弄脏裤腿时;
② 穿长裙上楼梯,很容易踩到裙摆时;
③ 穿拖式凉鞋下阶梯,发出很响的声音时。

一、正确的行走姿势

行走姿势的最基本要求是:在各种场合,都要力求做到"行如风",即行得正确、优雅、轻盈,有节奏感。

走路时,自然摆动双臂,前后幅度约为45度。保持身体挺直,切忌左右摇摆,摇头晃脑。内八字或外八字走路都不雅观。

行走时,身体重心可以稍向前倾,有利于挺胸、收腹。

小贴士

保持正确的行走姿势,要做到:轻而稳,胸要挺,头抬起,两眼平视,步幅和步位合乎标准。

小组时间

检查一下自己平时有没有出现这样的状况呢?

☐ 行走时左摇右晃、重心不稳、弯腰驼背、步履拖沓

☐ 呈内八字或外八字

☐ 手交叉于背后、手插兜、抱肘、叉腰

☐ 鞋跟拖地,走出声响

二、女士优雅行姿的关键点

不要晃肩膀和上半身

伸直背脊,维持正确的姿势,步幅符合腿的长度

以双腿夹着一条线的感觉走出来

跨步均匀,两脚之间距离为一只脚到一只半脚

女士行姿

礼仪行动

对着镜子练习走路:

在地上画直线,头顶书本、脚穿高跟或中跟皮鞋,踩线行走。(女生)

在地上画平行线,脚穿皮鞋,踩平行线行走。(男生)

主题四　举手投足，用我们的手势来说话

小组时间

1. 同桌同学进行 2~3 分钟的交流,交谈的内容不限。
2. 交流以后,请同学彼此说一下对方有什么习惯性动作? 有没有人会不时地撩一下自己的头发? 有没有人讲不出话时会挠头? 有没有人说话时会抖动双腿?
3. 问问做出这些无意识动作的同学:是否注意到了自己的这些行为?
4. 对方有没有什么动作让你觉得极不舒服? 你是否将你的这种情绪告诉了他(她)?

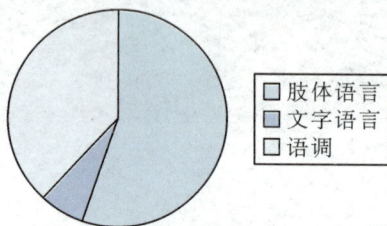

- ☐ 肢体语言
- ☐ 文字语言
- ☐ 语调

人类信息传递方式

小贴士

沉默也传达着语言,即使姿势也有意义。

从上图可以看出,肢体语言非常重要,很多情况下,只有非语言信息才是真实的,比如,客户非常生气地说:"我再也不来你们这家商场了。"可是他并未移动脚步,其实,这不过是他想解决问题而说的一句气话,如果此时,你读懂了他的肢体语言的话,你就知道该如何做了。

手是人体最富有灵性的器官。如果说眼睛是心灵的窗户,那么手就是心灵的触角,是人的第二双眼睛。手势是一种重要的肢体语言。

一、手势的使用要求

手势是指表示某种意思时通过手指、手掌和手臂等所做的动作,是一种表现力较强的肢体语言,在发声学上是优于有声语言的,在传递信息、表达意图和情感方面发挥着重要作用。恰当地运用手势,可以增强表情达意的效果,并给人以感染力,加深印象。

使用手势的总体要求是准确、规范、适度。

1. **手势的使用要准确**

在现实生活中,为了避免手势使用不当而引发交际双方的沟通障碍甚至误解,必须注意手势使用的准确性。用不同的手势来表达不同的意思,并使手势与语言表达的意思一致。

2. **手势的使用要规范**

在一定的社会背景下,每一个手势都有其约定俗成的意义和要求,不能乱加使用,以免产生误解,引起麻烦。

3. **手势的使用要适度**

与人交谈时,随谈话的内容做一定的手势,有助于双方的沟通,但手势的幅度不宜过大,以免适得其反,显得粗俗无修养。同时,手势的使用频率也应有所限制,并非多多益善,如果滥用手势,会让人产生反感。只有当手势与语言、面部表情,以及身体其他部位的动作配合协调时,才会给人一种优雅、大方、彬彬有礼的感觉,才能真正体现出尊重和礼貌。

礼仪与生活

小贴士

手势基本原则：

①使用规范化手势；②注意区域性差异；③手势宜少不宜多；④注意手势的力度与幅度应适当；⑤自然亲切。

在工作中，为了使上级和同事对你有一个更好的印象，一定要注意戒除自己那些不招人喜欢的动作。用一些良好的手势能更好地促进你和他人之间的交流。

充电站

肢体语言代表的意义

眯着眼——不同意、厌恶、发怒或不欣赏；

扭绞双手——紧张、不安或害怕；

正视对方——友善、诚恳、外向、有安全感、自信、笃定等；

避免目光接触——冷漠、逃避、不关心、没有安全感、消极、恐惧或紧张等；

点头——同意或者表示明白了、听懂了；

摇头——不同意、震惊或不相信；

晃动拳头——愤怒或富攻击性；

鼓掌——赞成或高兴；

打呵欠——厌烦；

轻拍肩背——鼓励、恭喜或安慰；

搔头——迷惑或不相信；

笑——同意或满意；

咬嘴唇——紧张、害怕或焦虑；

抖脚——紧张、焦虑；

双手放在背后或环抱双臂——愤怒、不欣赏、不同意、防御或攻击；

眉毛上扬——不相信或惊讶。

二、几种常用的手势

1. 递接物品

小组时间

要求：

使用老师所准备的物品：刀、剪刀、笔、文件、名片等，一名同学将物品递交给另外一名同学。

问题：

1. 同学递交物品时的动作对不对？

2. 如果不对，应该怎么改正？

用双手或右手递送物品。若双方相距过远,递物者应主动走近接物者;假如坐着的话,应在递物时起立。

在递物时,应使对方接物方便,将带有文字的物品(如:书本、文件等)递交他人时,还须使之正面向着对方,并关照"请您拿好"。递交名片时,应用双手轻托至齐胸高度,恭恭敬敬地递上,且名片的正面应对着对方。将易伤人的物品递给他人时,切勿以尖、刃直指对方,应使尖、刃向着自己,或是向着他处。

在宴席上,递送饮料、酒水时,应将商标朝向客人,左手托底,右手握在距瓶口三分之一处。

递书本时将文字正面朝向对方

递剪刀时将刃朝向自己

2. 打招呼

打招呼要使用手掌,而不能只用手指。

要掌心面向对方,而不宜掌心向内或向下。

手掌上举高度不宜超过头部的高度。

手掌向内轻摆。

打招呼

3. 举手致意

举手致意时,应身体直立,目视对方,面带笑容。

致意时应手臂自下而上向侧上方伸出,手臂可全部伸直,也可稍有弯曲。

致意时掌心向外,即面向对方,指尖向上方,四指并拢。

手臂不要左右两侧来回摆动。

4. 挥手道别

身体站直,目视对方。目送对方远去,直至离开。

道别时,可用右手前臂前伸,掌心向外,将手臂向左右两侧轻轻地来回挥动,但不要上下摆动或举而不动。

5. 手中持物

持物可使用采用侧放式(放在身体右侧)、胸前式(放在胸前)。

不得将物品夹在腋下。

6. 手指物品/方向

伸直手掌,并拢五指。

掌心向斜上方45度。

不能用手指来点。

指示方向

三、手势使用的注意事项

手势不宜过多,幅度不宜过大。

注意手势的地域性差异。

避免以下错误手势:指指点点,随意摆手,端起双臂,双手抱头,摆弄手掌,搔首弄姿,抚摸身体。

充电站

这些手势代表什么意思

1. 相同手势在不同国家代表的不同意义

(1)翘起大拇指

在我国表示顺利或夸奖别人;在俄罗斯表示赞赏;在美国和欧洲部分地区,表示要搭车;在德国表示数字"1";在日本表示"5";在澳大利亚表示骂人。

(2)OK 手势

在英美表示"赞同"、"了不起"、"很好"、"真棒"的意思;在法国表示"零"或"毫无价值";在德国,这个手势被认为是非常粗鲁的;在日本表示"钱";在泰国表示"没问题";在巴西,这是一个粗鲁的手势。

(3)V 形手势

在英国表示"胜利"。但要注意做这个手势时,是把手掌向外的。如果把手掌对着自己,则是粗鲁和无礼的。

2. 相同意义在不同国家所使用的不同手势

(1)召唤侍者

在英国,只要举起手来即可,打手势表示你要账单,需用两只手,好像你在纸上签名那样;在德国,举手并把食指伸出来;在俄罗斯,只要稍微点一下头,如果不行的话,只要伸出食指;在美国,只要举手到头部或高于头部;在印度,当地人可以捻手指并发出嘘声,外国人则用外国人的方式,但不要用食指向上或向下勾的方式。

(2)表示不知道

在巴西,把手背从下巴下向外拂出;在日本,在自己脸前来回挥手(手掌向外)。

礼仪行动

和同桌一起练习 4 种手势:递交物品、招呼他人、手中持物、手指物品或人。

第六章　走进职场之仪容仪表

"夫礼者,所以定亲疏,决嫌疑,别同异,明是非也。"

——《礼记》

"一个人的成功,15%是靠专业知识,85%是靠人际关系与处世能力。"

——安德鲁·卡耐基

主题一　美好形象从仪容仪表开始

听故事·学礼仪

一个年轻的职员被派去接待一个法国投资考察团,这个年轻人外语流利,衣着得体,可是外商还是没有将他所在的城市选为投资场所,因为他们发现这个年轻人的西装袖子上缺少一粒扣子,因而他们判定:他的介绍一定不严谨周密,可信度不高。

思考与讨论:

1. 这则小故事给你什么样的启示?
2. 请你说说在日常生活中,你看到过哪些不得体的穿着打扮。

小组时间

1. 如果你是企业主管,面对前来应聘的人员,你会注意观察什么?

(1) 对方的着装

(2) ＿＿＿＿＿＿＿＿＿

(3) ＿＿＿＿＿＿＿＿＿

(4) ＿＿＿＿＿＿＿＿＿

(5) ＿＿＿＿＿＿＿＿＿

2. 将下列句子补充完整:

(1) 因为企业主管能看见我的穿着,所以我应该穿着得体、专业。

(2) 因为＿＿＿＿＿＿＿＿＿＿＿＿＿＿＿＿＿＿＿＿＿＿＿＿＿＿,

所以＿＿＿＿＿＿＿＿＿＿＿＿＿＿＿＿＿＿＿＿＿＿＿＿＿＿＿。

(3) 因为＿＿＿＿＿＿＿＿＿＿＿＿＿＿＿＿＿＿＿＿＿＿＿＿＿＿,

所以＿＿＿＿＿＿＿＿＿＿＿＿＿＿＿＿＿＿＿＿＿＿＿＿＿＿＿。

(4) 因为＿＿＿＿＿＿＿＿＿＿＿＿＿＿＿＿＿＿＿＿＿＿＿＿＿＿,

所以＿＿＿＿＿＿＿＿＿＿＿＿＿＿＿＿＿＿＿＿＿＿＿＿＿＿＿。

(5) 因为＿＿＿＿＿＿＿＿＿＿＿＿＿＿＿＿＿＿＿＿＿＿＿＿＿＿,

所以＿＿＿＿＿＿＿＿＿＿＿＿＿＿＿＿＿＿＿＿＿＿＿＿＿＿＿。

仪表指人的外表，主要由容貌、服饰、发型等构成。它反映出一个人的精神状态和礼仪素养，是一个人精神面貌的外在体现，在人际交往中也体现了一个人的自尊、自爱和对他人的尊重，左右着人际交往中"第一印象"的形成。

服装的穿着可以千变万化，每个人可以根据自己的个性来任意选择服饰。虽然说"萝卜青菜，各有所爱"，但实际操作起来，却还是要遵循穿衣的基本原则。

充电站

TPO 原则

所谓 TPO 原则，就是指服饰应符合时间（time）、地点（place）、目的（object）的要求。在工作岗位上，要做到：①着装要得体：不同季节、不同地点、不同职业的人着装各不相同。服饰应该与年龄、身份、气质和形体条件相协调。②服饰要协调：服饰应符合工作岗位的需要，要与工作性质和工作环境相一致。男生穿西装、配领带价格不必太贵，但要烫得平整。③着装要有职业特点：应该选择庄重、素雅、大方的服装，以显示出稳重、文雅、严谨的职业形象。④着装不随便：男性一般不能穿运动服、牛仔服、夹克衫之类的休闲服装，服装质地要好一些。

小贴士

服饰是一种无声的语言，它传递着一个人的个性、身份、涵养及心理状态等多种信息。

那么，为了给企业主管留下美好的印象，我们需要做些什么呢？

整洁、美观、得体是着装的基本礼仪规范。具体来说，要注意服装与自身形象、出入场合及穿着搭配相协调。

一、着装的礼仪规范

1. 衣着与自身形象相合

自身形象包括两层含义：一是指自身的身材、长相；二是指所从事工作的职业形象。一般来说，选择的衣料要考究，做工要精细，剪裁式样要合体、美观。根据美学理论，人的身材的整体比例以头部小、下半身长为美。因而，着装时应按照这个比例来修饰自己。腿短的人不要在腰部做抢眼的设计；身材偏胖的人应避免穿大格子或横线条的衣服；尖脸的人不宜穿"V"形领的衣服等。

2. 衣着与出入场合相宜

不同的场合有不同的情景、气氛，人们在社交活动中的衣着，应与其所处的环境相互映衬、相互融洽。社交场合的穿着大致可以分为礼服和便服两种。礼服主要是出席正式、隆重、严肃的场合时的着装，如：西服、晚礼服、中山装、旗袍或其他民族服装。便服主要是在一般场合、日常社交活动中的穿着，相对可随意一些，各式外套、衬衣、休闲装等都可。

3. 衣着的搭配和谐

搭配要注意色彩、面料以及款式的和谐。从款式的搭配来说,"精致"与"随意"是不宜相配的,如:西装配牛仔,"V"形领毛衣配夹克,正式西装配旅游鞋等,都是不协调的。从服装面料和颜色的搭配来说,高级衣料与普通布料不宜相配,如果上身着深色高级毛料西装,下身穿浅色布料裤子,就很不协调了。

充电站

色彩搭配有学问

1. 同色搭配法

这种搭配法被称为最保险的配色法。可以是上下装同色,也包括同一种颜色按照色系的深浅、明暗度不同的方式来进行搭配,以造成统一、和谐的效果。

2. 相似搭配法

这是指两个相似的颜色进行搭配的方法。如:橙配黄、黄配绿、白配灰等,相似搭配会使服装更显活泼感。

3. 主辅搭配法

这是以一种色彩为整体基调,再适当辅之以其他色彩的搭配方法。在搭配时要注意对比效果,既要形成鲜明对比,又不能太过刺眼。

不过全身着装的颜色最好不要超过三种,而且以一种颜色为主调,颜色不要过多,否则会显得杂乱无章。另外在着装时,要考虑到个人的肤色、年龄、体型等特点来进行选择。

二、着装礼仪的整体搭配原则

1. 时尚与个性

着装的个性化原则,主要指依个人的性格、年龄、身材、爱好、职业等要素着装,力求反映一个人的个性特征。选择服装因人而异,重点在于扬长避短,显现独特的个性魅力和最佳风貌。现代人的服饰呈现出越来越强的展现个性的趋势。选择什么样的服饰,能够在很大程度上体现出穿着者的个性。

职场人在着装时,既要认同共性,又绝不能因此而泯灭自己的个性。首先,着装应当顾及自身的特点,展示自己的优点,掩饰自己的缺陷,使服装适应自身,扬长避短。其次,着装应创造并保持自己独有的风格,在某些方面应当与众不同。切莫盲目追求时髦,随波逐流,显得毫无特色和个人魅力可言。

2. 完美与协调

正确的着装,应当基于统筹的考虑和精心的搭配。从美的角度而言,要给人以美的享受,就必须使服饰整体协调。其各个部分不仅要"自成一体",而且要相互呼应、配合,在整体上尽可能美观、和谐,追求服饰与人体比例的协调。服饰是美化人体的艺术,只有使服饰的色彩、式样、比例等均适合人体本身的高、矮、胖、瘦,才能把服饰与人体融为有机统一的整体。若着装的各个部分之间缺乏联系,"各自为政",它哪怕再美也毫无意义。

着装要注重整体性:第一,要恪守服装本身约定俗成的搭配法则;第二,要使服装各个部分相互适应、局部服从于整体,力求展现着装的整体之美、全局之美。不适合的装扮,只会降低别人对你的信任与尊重。

3. 整洁与得体

整洁的衣着反映出一个人振奋、积极向上的精神状态;而褴褛、肮脏的穿着,则是颓废、消极、精神空虚的表现。因此,运用整洁的服饰美化个人形象,能给人以洒脱、高雅的感觉,但在正式场合不宜选择过分新潮而尚未被多数人接受的服饰。一般来说,女装色彩丰富,轮廓较优美,面料较讲究,能展现出女性秀丽、文雅、贤淑、温和等气质。男装则要求线条简洁有力、色彩沉着、衣料挺括。

4. 文明与大方

在日常生活里,不仅要做到懂得穿衣戴帽,而且要努力做到文明着装。着装是否文明,主要是看着装是否符合社会的道德标准和常规做法。在正式场合,忌穿着过于暴露的服装(如:袒胸露背或暴露大腿的服装);忌穿过于透明的服装,倘若使内衣、内裤"透视"在外,令人一目了然,则有失检点;忌穿过短的服装,不要在正式场合穿着短裤、小背心、超短裙之类过短的服装,它们不仅会使自己行动不便,频频"走光",而且也失敬于人,使他人多有不便;忌穿过紧的服装,不要为了展示自己的身材而有意选择小一号或过于紧身的服装,更不要不修边幅。

丝袜的袜口不宜露于裙摆之外

5. 技巧与规范

不同的服装,有不同的搭配方法和约定俗成的穿法。例如,女士穿裙子时,丝袜的袜口应被裙子的下摆所遮掩,不宜露于裙摆之外;男士穿西装不打领带时,内穿的衬衫应当不系领扣。

在工作场所穿着职业服装,不仅是对服务对象的尊重,同时也能使着装者有一种职业的自豪感、责任感,是敬业、乐业在服饰上的具体表现。规范职业服装的着装要求是整齐、清洁、挺括、大方。

礼仪行动

请你访问身边有工作经验的人,比如父母、亲戚、朋友等,请他们说说成功面试需要注意的礼仪问题或者注意事项,以及他们的经验。

主题二　职场如何着装——女士篇

小组时间

1. 分成5～6人的小组,要求每一个小组从杂志或印刷品广告中选择若干张(每组至少5张)人物照片,照片应尽可能代表不同类型着装的人。注意:照片中的人物不能是名人,也不能是大家都认识的人。

2. 各小组之间交换各自收集的照片。

3. 开展小组讨论:仅根据照片中人的外表,大家对这些人的印象如何?

4. 大约5分钟后,请几个同学简要介绍一下各组得出的结论。

5. 说说他们的外表会给企业主管留下什么印象?

在女装款式中,裙式套装是最恰当的职业女性服装。穿着一套合适的裙式套装,既不失女性本色,又能给人留下干练、庄重、大方的印象。

一、穿裙式套装的注意事项

1. 注意套裙的长短

通常,套裙中的上衣最短必须齐腰,而裙子最长则可以至小腿中部。上衣的袖长以恰恰盖住手腕为好。上衣或裙子均不可过于肥大或包身。

穿裙子的四忌:①不穿黑色皮裙;②裙子、鞋子、袜子要配套;③穿套装不光腿;④穿裙子避免出现三截腿,穿高筒袜。

2. 注意翻好衣领

上衣的领子要完全翻好。衣袋的盖子要完全拉出来,不要藏在衣袋里。不要将上衣披在身上,或搭在身上。裙子要穿得端端正正、上下对齐。

3. 注意扣紧衣扣

在正式场合穿套裙时,上衣的衣扣必须全部扣上。不要将部分或全部衣扣解开,更不要当着别人的面随便脱下上衣。

4. 注意场合

各种正式场合的商务交往中,一般都以穿着套裙为好。

5. 注意协调妆饰

穿着套裙时,既不可以不化妆,也不可以化浓妆。不允许佩戴与身份不相衬的珠宝首饰,也不允许佩戴过度张扬个性的耳环、手镯、脚链等。佩戴首饰"宜少不宜多",全身首饰不应超过两件。

6. 兼顾举止

穿上套裙之后,要站得既稳又正,不可以双腿叉开、东倒西歪或倚墙而立。务必注意坐姿,双腿切忌张得过大或是跷起一条腿来、脚尖抖动不已。着套装走路时不能大步流星,只宜以小碎步疾行。行进之中,步伐以轻、稳为佳。

1. 服装

上衣领口宽时露出内衣的肩带是很不雅观的。如果无论怎么调整仍会露出,可改穿无肩带内衣。

如果穿浅色衬衫时容易透出内衣,选择乳白色或肤色内衣,就可以避免尴尬。

从风衣里露出一截裙子会很不雅,因此在选择风衣时,注意长度要能盖住裙子。

2. 腋下

穿无袖或半袖上衣时,腋毛容易露出,这样很不雅观。因此需要定期除腋毛。

3. 裙子

穿裙子之前先确认衬裙的裙摆没有外露,裙摆没有脱线而垂下。

4. 化妆

化妆是女性的一种礼貌,正式场合必须化妆。化妆最重要的是整个脸的气色(为显现出健康活泼的气色,平时还要注意保养皮肤)。化妆后照照镜子,检查粉底是否均匀,脸和颈的颜色是否一致。

化妆

5. 丝袜

随时确保丝袜无破损现象。建议在随身包内另外准备一双,以备不时之需。

确保丝袜无破损

6. 拉链

不论穿裙子或裤子,都要留意拉链,有些人偶尔会只扣上扣子,而忘记拉上拉链。因此,穿着完毕后,务必照镜检查全身后再出门。

7. 发型

检查前发是否过长。应随时保持具有清洁感的发型。

如果头发乱翘,就太难看了,必须好好整理。如果头发半长不短,可用发夹固定,或用发带绑起。

8. 指甲

确认指甲修剪整齐,涂指甲油的需检查颜色是否脱落。

具有清洁感的发型

礼仪与生活

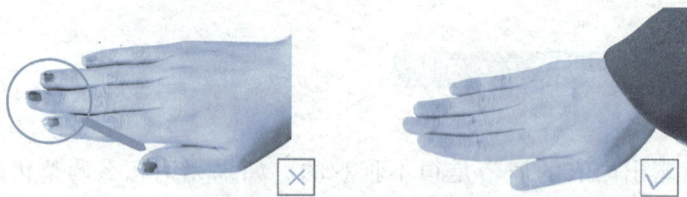
确认指甲油是否脱落

9. 香水

与人擦肩而过时微微散发的香味最有礼貌。香水一般喷在腕部、耳后等，切勿直接喷在易出汗的部位。

10. 鞋子

不要每天穿同一双鞋，以免鞋子变形。如果鞋子被雨水弄湿了，要立即擦干。颜色最好和服装颜色保持一致，但是黑色服装与白色皮鞋比较容易搭配。

礼仪行动

> 学习了这一部分的服饰礼仪，相信你已从中掌握了不少的技巧和知识，请为你的一位女老师设定一个场合，为她设计搭配一两套适合她的服装和配饰，并提出自己的观点。

主题三　职场如何着装——男士篇

"怎么又没成功？"李明沮丧地走出某银行的面试现场。后来，在学长的提示下，李明恍然大悟：原来正是身上这条打着"补丁"的时髦牛仔裤阻碍了自己继续"闯关"的道路。

面试时，我们应该如何挑选合适的服装，帮助我们树立良好的形象呢？

小组时间

要求：

请一位同学上台演示如何穿西装。

问题：

上台演示的同学在穿着西装的前后感觉有什么不同？

西装是一种国际性服装。一套合体的西装，可以使着装者显得潇洒、精神、风度翩翩。人们常说："西服七分在做，三分在穿"，那么，怎样穿西装才算得体呢？

一、穿着西装的礼仪要求

1. 讲究规格

西装有两件套、三件套之分。两件套，即上装和下装；三件套，即上装、下装和背心。正式场合应穿同质、同色的深色毛料套装。两件套西装在正式场合不能脱下外衣。按习俗，西装里面不能加毛背心或毛衣。在我国，至多也只能加一件"V"字领羊毛衫，否则会显得十分臃肿，以致破坏西服的线条美。

男士西装

2. 穿好衬衫

衬衫通常为单色，领子要挺括，不能有污垢、油渍。衬衫下摆要放在裤腰里，系好领扣和袖扣。衬衫衣袖要稍长于西装衣袖 0.5～1 厘米，领子要高出西装领子 1～1.5 厘米，以显示衣着的层次。

3. 系好领带

西装驳领间的"V"字区最为显眼，领带应处在这个部位的中心，领带的领结要饱满，与衬衫的领口吻合，领带的长度以系好后下端正好触及腰上的皮带扣上端处最为标准。如穿马甲或毛衣，领带应放在它们后面。领带夹一般以夹在衬衫第三粒与第四粒扣子之间为宜。西装系好纽扣后，不能使领带夹外露。

4. 用好衣袋

西装上衣两侧的口袋只作装饰用，不可装物品，尤其不应当别钢笔或放钱夹，否则会使西装变形。西装上衣左胸部的衣袋只可放装饰手帕。有些物品，比如票夹、名片夹可放在上衣内侧衣袋里。西装背心上的口袋亦多具装饰功能，除可以放置怀表外，不宜再放别的东西。西装裤子的两只侧面口袋里只能放手绢，后侧的口袋则不放任何东西，以求臀位合适，裤形美观。

5. 系好纽扣

双排扣的西装要把纽扣全部系上，以示庄重。单排两粒扣，扣第一粒表示郑重，不扣扣子则较随意；单排三粒扣扣中间一粒或上面两粒为郑重，坐下时可解开。单排四扣，扣中间两粒；单排扣的西装也可以全部不扣。

6. 穿好皮鞋

穿西装一定要穿皮鞋，而且裤子要盖住皮鞋鞋面。不能穿旅游鞋、轻便鞋、布鞋或露脚趾的凉鞋。男士宜着深色线织中筒袜，颜色应与皮鞋一致，切忌穿半透明的尼龙或涤纶丝袜。

小组时间

考考你的眼力：下面的图片中缺了什么？

1. 衬衫

男士配西装的衬衫必须是长袖的，即使在夏天也不例外，这样，衬衫袖口才能从上衣袖口处露出 1.5 厘米左右。

颜色最好选择单色的。白色是最佳，也是最安全的选择，浅蓝色也可以接受。在有的地方，淡蓝色、灰褐色、红色细条纹也是可以的。不要穿淡紫色、桃色、格子、圆点和宽条纹的衬衫。

面料最好选择纯棉的，但它需要专业清洗，以保证浆过并熨烫平整。

2. 领带

领带与西服的颜色要互相衬托，但不要完全相同。可以选择底色为暗红色、红色和藏青色的领带，图案要精致、不抢眼。

面料最好选择真丝，优雅且四季皆宜。可选择小巧的几何印花和条纹。带有柔和图案的涡旋纹面料也是不错的。

与西装和衬衫搭配时，应选择单色的，或有两种图案的，或两种颜色加一种图案的领带。三种图案的搭配需要一定的技巧和经验，难度很高；不过一旦成功，就会特别引人注目。商务活动中佩戴的领带，主要是单色无图案的领带，或者条纹、方格、圆点等规则几何图形的领带。

领带要与手帕相配，但图案不要相同。

充电站

领带的打法

1. 浪漫结

浪漫结因其完美的结型，适用于各种浪漫系列的领口和衬衫，完成后将领结下方之宽边压以皱褶，可缩小其结型，窄边亦可将它往左右移动，使其小部分出现于宽边领带旁。

2. 温莎结

此种结型因其宽度较一般结型宽，故十分适用于八字领口的系列衬衫，最适合细致的丝质领带。

3. 王子结

王子结适用于扣领及尖领系列衬衫,搭配质料柔软的细款领带。正确打法:于宽边先预留较长的空间,并在第二圈时尽量贴合在一起,即可完成此完美结型。

4. 四手结

这是所有领结中最容易打的,适用于各种款式的衬衫及领带。

3. 服饰及其他附件

男士每只手最多只能戴一枚戒指。

男士可以戴纯银、金质或不锈钢制优质美观的手表。

腰带应选择真皮的,颜色应为黑色、棕色或暗红色。皮带的颜色应与皮鞋相配,皮带扣要简洁。

袜子要长及小腿中部,尼龙袜或薄棉袜均可。袜子颜色应为黑色、棕色或藏青色。如选白色、米色、浅色或图案大的,包括阿盖尔图案的袜子,会吸引别人注意你的腿。袜子的颜色宜选与长裤颜色相配或相近的,而穿黄褐色裤子时例外,这时袜子应与鞋相配。

皮鞋的选择非常关键,因为它很能引起别人的注意。应尽量选择系带或无带扣皮鞋。鞋的颜色不应浅于裤子。黑皮鞋可以配灰色、藏青色或黑西服,深棕色的鞋配黄褐色或米色西服效果也是不错的。

手提箱应是皮质的,颜色为棕色、黑色或暗红色均可。

阿盖尔菱形花纹袜

 充电站　　　　　　**男士西装三色原则**

三色原则被国外经典商务礼仪规范所强调,简单说来就是指男士在正式场合穿着西装时,全身颜色色系必须限制在三种之内,否则就会显得不伦不类,失之于庄重和保守。

三色原则要求男士的着装——衬衣、领带、腰带、鞋袜,一般不应超过三种颜色。这是因为从视觉上讲,服装的色彩在三种以内较好搭配。一旦超过三种颜色,就会显得杂乱无章。使服装的色彩控制在三色,甚至在同一色彩范围内,先西装、次衬衣、后领带、逐渐由浅入深,这是最传统的搭配。反之,领带色彩最浅,衬衫次之,西装色彩最深,即由深

礼仪与生活

入浅搭配服装,也是可行的。

国外有身份的男士,大多讲究手表带、腰带、皮鞋保持同一种颜色,认为这是最有风度、最有品位的,他们的皮夹、皮包等配件,也与服装的主要颜色相一致。

三、公文包内的"四件宝"

1. 名片
需携带的名片应放在专门的名片夹内,将名片夹放在公文包内,以方便随时取用。

2. 钢笔
在许多正规场合,只允许使用钢笔,圆珠笔、铅笔等不能代劳。钢笔的款式要大方,配色以素雅为主。墨水的颜色宜选择蓝黑色或纯黑色。如果同时带两支钢笔,墨水的颜色应一致。

3. 记事本
对于一些需要记录下来的信息,可随时记在记事本上,便于日后查找。

4. 计算器
计算器可放在随身携带的公文包内,体积小的也可装在衣服口袋里。

礼仪行动

请你为你的一位男老师设定一个场合,为他设计搭配一两套适合他的服装和配饰,并提出自己的观点。

第七章　走进职场之沟通技巧

"人而无礼,焉以为德。"
　　　　　　　　　　　　　　　　　　　　　　　　　　——孔子
"人有礼则安,无礼则危,故曰:礼不可不学。"
　　　　　　　　　　　　　　　　　　　　　　　　　　——《礼记》

主题一　微笑——拉近彼此的距离

听故事·学礼仪

　　康拉德·希尔顿是号称"全球旅游业之冠"的希尔顿酒店总公司的董事长。当他的资金由最初的 5000 美元增长到 5000 万美元时,他有些沾沾自喜。但他的母亲对他说:"除了诚实以外,你还得想出一个简单可行、不花钱又行之久远的办法,去争取顾客的再次光临,这样,你的旅馆业才是前途无量的。"希尔顿苦思冥想,认为只有微笑才符合母亲所说的要求。于是,他把微笑待客作为其酒店最基本的经营方式。

　　他经常到设在世界各地的酒店去视察,每到一处,他问员工最多的一句话就是:"你今天微笑了没有?"即使在经济大萧条的年代,旅馆业的倒闭率达 80%,希尔顿的员工也始终坚持微笑待客,他们的座右铭是:"我们脸上的微笑应当成为旅客的阳光。"持之以恒的微笑最终收到了出人意料的效果,希尔顿的成功有目共睹。

思考与讨论:

1. 从这个故事中,你得到了什么启示?
2. 微笑除了能带给我们成功外,还能带给我们什么?

小贴士

　　表情就是人的面部情态,是人的思想感情的外露。在体态语中,面部表情是最丰富、最具表现力的,它能迅速、灵敏而又充分地表达各种感情。表情主要包括眼神的运用和展示微笑的魅力。

小组时间

概述:

　　全班分成两组做"变脸"游戏,在游戏中,每组选出几位"演员",上台根据提示做出几个面部表情,由另一组同学猜他们传递的是什么情绪。

时间:

10~15 分钟。

礼仪与生活

参考步骤：

1. 在老师的指导下分成两组,每组选出一名或多名"演员",仅仅通过面部表情来演示老师发的卡片上所写的每个情绪。

2. 两个小组先准备一些时间,然后开始进行"变脸"游戏。两个小组面对面。第一组的"演员"通过面部表情表现出一种情绪;另一组有 15 秒钟的时间讨论,然后回答第一组演示的是哪种情绪。然后第二组演示另一种情绪,由第一组猜。两个组轮流交换角色,直到卡片上写的所有情绪都演示完为止。若还有时间则可重复进行演示。

3. 每次演示完之后,大家说说自己猜测的理由。请大家特别注意"演员"的前额、眉毛、眼睛、嘴,以及头部的倾斜度。

微笑是最美的语言,它不仅能起到沟通心灵、架起友谊桥梁的作用,还能表现出一种热爱生活、积极向上的情感。微笑是人际交往中不可缺少的礼仪。微笑的礼仪要求有以下几点。

一、微笑应发自内心

微笑应是发自内心的。当一个人心情愉快、兴奋或遇到高兴的事情时,都会自然地流露出微笑。这是一种情绪的调适,是内心情感的自然流露,绝不是故作笑颜、假意奉承。

发自内心的微笑,能使交往的双方产生良好的心情,消除陌生感。

发自内心的微笑既是一个人自信、真诚、友善、愉快的心态表露,同时又能制造明朗而富有人情味的氛围。

发自内心的微笑

二、微笑应得体、适度、适宜

微笑虽然是人际交往中最富有吸引力、最有价值的面部表情,但也要区分场合,要笑得得体,笑得适度,才能充分表达友善、真诚、和协、融洽的美好感情。

正式场合的笑容要适度。放声大笑或无节制的笑不雅观,没头没脑地边看别人边哈哈大笑更为失礼。

三、不吝微笑

微笑是"世界通用语言"。无论走到哪里,无论面对怎样的对象,都应将微笑毫不吝惜地送给他人。如与人初次见面,给对方一个亲切的微笑,可以拉近心理距离,消除拘束感;同事见面打个招呼,点头微笑,则显得和睦、融洽;上级常常对下级微笑,会让人感到平易近人。

面对镜子,用手指将嘴角向上拉提,练习微笑。微笑最重要的是眼神,请在练习时,用手捂住嘴来看看,只有看起来眼睛在笑,那才是完美的笑容。

微笑要点:与他人视线相迎,提高脸颊两边的肌肉,提高两边嘴角,露出牙齿(也可不露),两边的眼角稍微下垂。

微笑方式 1   微笑方式 2   微笑方式 3

主题二　学会交流,使你成为文明人

听故事·学礼仪

　　课堂上,老师请一位学生用"占"字造句。那位学生指着一位胖同学说:"他太胖了,要是坐公共汽车的话,得占两个位子。"课堂里顿时鸦雀无声,但随后大家又哄堂大笑。老师十分生气。造句的同学无辜地说:"不是吗?这是事实呀!"他没有感觉到旁边那位被说得局促不安的同学。

思考与讨论:
1. 这个小故事给你什么启示?
2. 在日常生活中,你有没有碰到过类似让人尴尬的事情?

一、礼貌用语

　　礼貌用语是交往双方用来表达意愿,交流思想感情和沟通信息的重要工具。俗话说:"一句话使人笑,一句话使人跳。"这形象地道出了使用礼貌用语的作用和必要性。日常生活中常用的礼貌用语有:
- 相互见面时的招呼用语:"你好!"
- 道歉用语:"对不起!"道歉要及时,犹豫不决会使问题复杂化。

礼仪与生活

- 得到帮助时的致谢用语："谢谢!"对于他人的道谢要回应,可以说"别客气"、"应该的"、"我很乐意"等。
  - 引领客人的指示用语："请!"
  - 与人告别时的道别用语："再见!"

小贴士

用鼻子哼声是一种特殊的语言。虽然没有具体的文字,却极其明显地表示了傲慢、冷漠、鄙视、厌恶的态度,特别令人不快。有这种习惯的同学一定要改掉哦!

二、使用适当的称呼

小组时间

1. 全班同学分成两组,根据老师发的材料,表演通过打电话找人办事。第一组同学必须以"您"称呼对方,而第二组同学要以"你"称呼对方。
2. 讨论哪一组顺利完成了任务?
3. 完成任务的过程中,同学们碰到了哪些问题?

称呼是交际中重要的第一印象,用尊称能获得对方的好感和认同。如果在该用"您"的时候却用了"你",那么碰壁是很正常的。

对自己的亲属,一般应按约定俗成的称谓称呼,但有时为了表示亲切,不必拘泥于称谓的标准。但对外人称呼自己的亲属时,要用谦称。称自己长辈和年龄大于自己的亲属,可加"家"字,如:"家父"、"家母"、"家兄"等。称辈分低的或年龄小于自己的亲属,可加"舍"字,如:"舍弟"、"舍妹"、"舍侄"等。称呼他人的亲属,要用敬称。一般可在称呼前加"令"字,如:"令尊"、"令堂"、"令郎"、"令爱"等。对其长辈,也可加"尊"字,如:"尊叔"、"尊祖父"等。

小贴士

使用"令"称呼对方亲属,或用"家"、"舍"等字称自己亲属的时候,一定要明白这几个字相当于"你的"、"我的"等意思,千万不要闹出"你令尊"、"我家父"之类的笑话噢!

在工作岗位上,为了表示庄重、尊敬,对他人可按职业相称,如:"老师"、"医生"等。也可以其职务、职称、学衔相称,如:"周处长"、"陈经理"、"主任"、"博士"等。

充电站

涉外称呼

1. 美国人

刚开始接触使用正式尊称,熟悉后可直接叫名字。

2. 德国人

称呼前最好加头衔，不可直呼其名。

3. 俄罗斯人

最好称呼对方的名字和父名，光称姓是不礼貌的。

4. 英国人

过于随便的称呼不适宜。而且英国人喜欢被称为 British，而不是 English。

5. 泰国人

习惯按照名，而不是姓来称呼对方。

充电站

礼貌用语顺口溜

初次见面说"久仰"，看望别人用"拜访"；
请人勿送用"留步"，对方来信叫"惠书"；
请人帮忙说"劳驾"，求给方便说"借光"；
请人指导说"请教"，请人指点用"赐教"；
赞人见解用"高见"，归还原物叫"奉还"；
欢迎购买叫"光顾"，老人年龄叫"高寿"；
客人来到用"光临"，中途先走用"失陪"；
赠送作品用"斧正"，等候客人用"恭候"；
求人原谅说"包涵"，麻烦别人说"打扰"；
好久不见说"久违"，托人办事用"拜托"；
与人分别用"告辞"，求人解答用"请问"；
赠送礼品用"笑纳"，表示感激用"多谢"。

三、眼神的交流

听故事，学礼仪

　　一场气氛融洽的酒会结束了，意味着一次中美商贸协定的圆满达成。目送着中方代表团的车辆远去，中介公司的李先生顺口问美方代表："您对这次会谈的感觉如何？"美方代表耸了耸肩，说："我不太喜欢中方那个团长。"李先生大为惊讶，说："您能否告诉我为什么？"美方代表的回答是："他在与我握手的时候，还在和别人讲话！"

　　在握手的时候和其他人讲话，就意味着这位团长的眼睛并没有看着与他行握手礼的对方，难怪美方代表会生气。西方人习惯于眼神的交流，他们在说话或倾听的时候都看着对方的眼睛，否则就是对对方的无礼和不敬。

礼仪与生活

思考与讨论：
这个故事给了你什么启示?

眼睛是心灵的窗户,是传递信息最有效的器官,人心中的一切感情波澜,喜怒或不安,均可在眼神中得以显现。在人际交往中,在不同场合,对不同对象,眼神亦有所不同。

人际交往中眼神运用的礼仪有:

● 与朋友碰面,介绍结识新朋友时,可以凝视对方稍久一些,既表现出自信,也是对对方的尊重。

● 双方相互交谈时,目光应注视对方的眼睛或面部,表示对对方的话题感兴趣。

● 当双方缄默不语时,应将目光移开,以免加剧因一时无话题而产生的尴尬或不安。

● 别人说错话或显得拘谨时,不要正视对方,否则对方会误认为这是对他的讽刺和嘲笑。

● 送对方离去时,要等待对方转身并走出一段路,不再回头张望时,才能转移视线,如此才显得尊重对方。

● 在长辈面前,视线应略微向下,显得恭敬、诚恳;对待孩子,眼神应该和善、慈爱。

● 在友人面前,如果是同性,眼神应热情、坦荡;如果是异性,眼神应大方、稳重。

充电站

人际交往中目光凝视的"三个区域"

1. 公务凝视区域

公务凝视区域为以对方双眼为底线、额中为顶点所形成的三角区。

公务凝视是在洽谈业务、磋商交易和贸易谈判时所使用的一种凝视。洽谈业务时,如果你看着对方这个区域,就会显得严肃认真,对方也会知道你有诚意。在交谈过程中,如果你的目光落在这个三角区,那么你就会把握住谈话的主动权和控制权。因此,这种凝视是商务人员和外交人员经常使用的一种凝视行为。

2. 社交凝视区域

社交凝视区域为以对方双眼为底线、嘴唇中间为下顶点所形成的倒三角区。

社交凝视是人们在社交场合使用的一种凝视行为。当与人谈话时凝视这个区域,会给人一种平等感、轻松感,从而创造出一种良好的社交氛围。所以在各种类型的社交场合中,最适合使用这种凝视方式。

3. 亲密凝视区域

亲密凝视区域为对方双眼到胸膛之间,这是亲人之间、恋人之间、家庭成员之间使用的一种凝视,往往带有亲昵、爱恋的感情色彩。所以,非亲密关系的人不应使用这种凝视,以免引起误解。

检查一下自己平时有这些习惯吗？

1. 长时间注视对方

与人谈话，如果与对方关系亲近，可以较长时间地注视对方，以拉近心理距离。如果对方是异性，则双目对视不宜超过 10 秒，长时间的注视是不礼貌的。在交谈中，目光与对方接触的时间，一般应掌握在累计全部交谈时间的 50％～70％之间。

2. 盯视对方

一直盯视对方，会使对方有压迫感。初次见面或不太熟悉的男性用这种方式看女性，会使女性感到很不自然，甚至反感。如果女性用这种方式看男性，则有失稳重。注视别人，应把自己的眼神放虚，不要聚焦于对方身体的某个部位，而是用自己的目光笼罩住对方的整个人。

3. 斜视对方

有的人常常不以正眼看对方，有的人对自己不喜欢的人或事物，往往流露出一种鄙夷不屑的眼神，实际上这些做法非但不能显示自己的高尚，反而反映出他的狭隘与无礼。因此，与人交往时应避免使用斜视、瞟、瞥等眼神。

主题三　学会倾听·尊重他人

听故事·学礼仪

古时候，有个小国派使臣到我国，进贡了三个一模一样的金人，把皇帝高兴坏了。可谁知这小国有意刁难，进贡的同时还出了一道题目：这三个金人哪个最有价值？

皇帝想了许多的办法，请来珠宝匠检查，称重量，看做工，都是一模一样的。怎么办？使臣还等着回去汇报呢。泱泱大国，不会连这个小问题都不懂吧？

最后，有一位退位的老臣说他有办法。

皇帝将使者请入大殿，老臣胸有成竹地拿着三根稻草，分别插入三个金人的耳朵里。插入第一个金人耳朵里的稻草从另一边耳朵出来了；插入第二个金人的稻草从嘴巴里直接掉出来了；而插入第三个金人耳朵里的稻草掉进了肚子，什么响动也没有。老臣说："第三个金人最有价值！"使者默不作声，答案正确。

思考与讨论：

从这则故事中你感悟到什么？

测试导语:

倾听是指有目的地、专注地听。在倾听的过程中,对方会因自己传递的信息被完整接收而感觉到被尊重与被接纳,同时因实现了自我价值而使彼此的关系更具信心和更加投入。良好的倾听能力是交流双方能否在同一平台上顺利进行语言交流的前提。你的倾听能力如何呢? 测试一下就知道了。

测试问卷:

1. 朋友们心里有事,通常把我当成谈心对象。
   □ 是   □ 否

2. 我愿意倾听他人的烦恼。
   □ 是   □ 否

3. 在社交聚会上,我从一个谈话圈子转到另一个谈话圈子,经常感到还会有更好的谈话对象。
   □ 是   □ 否

4. 如果对方不能很快明白我的意思,我就会不耐烦。
   □ 是   □ 否

5. 我喜欢接叙别人说着的笑话或故事。
   □ 是   □ 否

6. 别人跟我说话时,我总在想下句说什么?
   □ 是   □ 否

7. 我觉得大多数人说话很乏味。
   □ 是   □ 否

8. 我通常比和我谈话的人说得多。
   □ 是   □ 否

9. 别人和我说话时,要重复一两次。
   □ 是   □ 否

10. 比起听,我更喜欢说。
    □ 是   □ 否

评分标准:

序号	得分		序号	得分	
	是	否		是	否
1	1	0	7	0	1
2	1	0	8	0	1
3	0	1	9	0	1
4	0	1	10	0	1
5	0	1	总计		
6	0	1			

测试结果:

● 总得分为 8 分及以上:你很善于倾听。朋友们有困难需要找人商量时,最有可能找你,在社交聚会上你很受欢迎。

● 总得分 4～7 分:你的倾听技巧一般,你同大多数人一样——有时你会认真倾听,但有时你可能心不在焉。还要努力地改善才行。

● 总得分 3 分及以下:你不善于倾听。从现在开始,努力提高倾听的能力吧。

一、倾听的含义

只要有无听觉障碍的耳朵,就能够"听"。而"倾听"是指通过视觉、听觉等媒介接受、吸收和理解对方思想、信息和情感的过程。

倾听是一个主动参与的过程,听的人必须思考、接受、理解,并作出必要的反馈。同时,倾听不仅仅局限于声音所传递的信号,还包含要收集沟通过程中的语言、非言语的信息。并非所有的人都会倾听,这需要学习和训练。

二、如何提高倾听的能力

1. 要怀着兴趣去倾听,使对方感到自己被关注

在倾听对方说话时,应该抛开所有与当前沟通内容无关的事情,把注意力集中在对方身上。应该双眼直视对方的眼睛或眉心,表明你在全神贯注地倾听并对他讲的内容很有兴趣;经常赞许地点头或用手势示意对方继续,鼓励他充分表述自己的看法。这等于告诉对方:你是一个值得我倾听的人。这无形中提高了对方的自尊心,有益于加深彼此的感情。

2. 适当沉默,甘当听者

在与客户沟通的过程中,要适当控制发言,把说话的机会让给对方。聆听的秘诀在于你应该花 80% 的时间去听,给你的客户 80% 的时间去讲。倾听别人说话要全神贯注,切忌心不在焉。忠实的听众是受欢迎而且难能可贵的。一个出色的听众具有强大的感染力,能使对方感到自己的重要。

3. 适当运用表情和肢体语言

与人交谈时,对对方的活动关心与否直接反映在你的脸上,你爱听或不爱听,对方从你的脸上都可以看到。所以,在倾听时不要只在那儿听,而是要以各种各样的表情给对方反馈,比如惊讶、羡慕、理解等等。光用嘴说话难以营造气势,所以还可以配合恰当的姿势,用手、用嘴、用眼去说话。但要牢记不可过度卖弄,不要运用过于丰富的面部表情、夸张的肢体语言,像拍大腿、拍桌子等。

4. 在合适的时机以恰当的方式作出反馈

倾听时,我们要适当回应对方,可用"嗯"、"是"、"明白"以及点头、微笑等言行表明自己倾听的诚意。除非必要,不要记笔记。倾听时,如果忙于记笔记,就会妨碍反馈的进行。因而,必要时,只需记下一些提示性的关键字,把精力更多地集中于倾听和理解对方的谈话内容。在谈话时,即使对方的谈话内容只有小小的价值,如果能得到肯定的反馈,内心也会很

礼仪与生活

高兴,也会产生好感。比如客户说"我们现在特别忙",或者"我们现在真的很忙",你可以回答"像您这样的领导,管理那么多的人,真的很不容易,您肯定很辛苦"。

5. 谨慎插话

交谈中不应当随便打断别人的话,要尽量让对方把话说完,再发表自己的看法。如确实想要插话,应向对方先打声招呼:"对不起,我插一句行吗?"但所插之言不可冗长,一两句点到即可。

聆听是一项至关重要的技巧,要在日常工作中不断地加以练习才能很好掌握。

三、你是怎样的倾听者

倾听不是只听词句,而是努力地去理解别人真正想对你说什么。在所有的沟通技巧中,倾听是极重要的。不合格的听众、不善于倾听的人常常表现出漫不经心、急于插话、先期作出结论、打断别人或没有适当的反馈。这就容易造成沟通不畅或给人留下不良印象。相反,如果你在倾听时积极地听取对方的说法,适当给予反馈,就会使对方受到鼓舞或激励,容易形成良好的人际关系,或激励同事为部门、团队和整个企业作出贡献的愿望。

请在下面的空格中记下你在倾听方面的良好习惯:

① _____

② _____

③ _____

请在下面的空格中记下你在倾听方面存在的不良习惯:

① _____

② _____

③ _____

礼仪行动

测一测,你有良好的倾听习惯吗?

① 适应对方讲话的速度,边听边咀嚼其内容的意思,不要让思维的速度超越对方讲话的速度。

② 将注意力集中在倾听上,不受其他事物的影响,不同时兼顾几件事。

③ 学会理解不同的观点,包括你不认同的看法。你很有可能从这些讲话中获得新的知识和见解,即使有不对的地方,也应听完后再去交换自己的看法。

④ 学会一次就能听明白他人的谈话,对重要的内容可以默默地重复一下,准确地记住。

⑤ 在接电话时,要养成随手记录的习惯,学会从你获得的各种信息资料中,寻找出最有价值的信息。

听故事·学礼仪

张强是位推销员，业务很繁忙，电话也非常多。一天，客户王先生对他说："你们办公室那位声音尖尖的女同志与你的关系是不是不太好？"张强说："没有啊，我们相处得都挺好的。"王先生说："那为什么我打电话找你，她总是很生硬地三言两语打发我？"

思考与讨论：

听完这则故事你有什么想法？

小组时间

概述：

在本游戏中，参与者轮流演绎电话客户服务的场景，其他人则充当评委。游戏的目的是让参与者认识到优质的电话客户服务的特点。

时间：

5～10分钟。

参考步骤：

1. 请四位同学担任"演员"，分成两对，每对演员会拿到老师发的某个场景的材料（发给一对演员"假想情景1"，发给另一对演员"假想情景2"），用2～3分钟决定各自扮演的角色并熟悉角色。

2. 要求评委特别注意每个客户服务代表的所作所为，以及他们是如何影响客户的。让第一对演员演绎"假想场景1"，然后要求评委进行点评。然后以同样的方法进行"假想场景2"。要求参与者提出改进措施。

电话在人们的生活中越来越普及且重要。一通电话，如果不及时接听，就可能给单位造成一定的经济损失。如果接听时有所怠慢，还有可能给单位在声誉上造成无法挽回的影响。

一、接听电话的方法

一般电话铃响3声以内，就应拿起电话听筒。

拿起电话后先致以简单问候："你好（语气柔和、亲切）！"

自报单位（部门）名称或个人姓名（外线电话报单位名称，内线电话报部门或岗位名称）。如："你好，这是××单位。"这样做是为了让对方明白是否拨对了电话，以减少双方相互询问的时间，尽快地进入正题。

认真倾听对方的电话事由。如需传呼他人，应请对方稍候，然后轻轻放下电话，去传呼他人；如果对方通知或询问某事，应按对方要求逐条记下或回答对方，记下或问清对方通知或留言的事由、时间、地点、号码和姓名，并对对方打来电话表示感谢。

等对方先挂断电话后，自己再轻轻放下电话听筒。

二、接听电话的注意事项

1. 接听电话时体态要优雅

接听电话的姿势通常有两种,即站立或坐着接听电话。

站立接听电话时应收腹挺胸,双腿自然站立。

坐着接听电话时,应坐姿端正,双腿并拢,背挺直,双肘支在桌面上。一般用左手握话筒,右手执笔做记录。

2. 接听电话时要声音清晰、心情愉快,语气要沉着大方

接听电话时,虽然彼此都见不到对方的面孔,但可以从声音辨别出对方的表情和神态。

亲切、清晰的声音,来源于良好的心情。所以,通话前应调整好自己的情绪,控制好音量,以对方能听清为限,否则不但对方会感到"震耳欲聋",周围的同事也会受噪音干扰。保持面部微笑,轻松愉快。

通话时,应保持平静的情绪,专心致志地与对方交流,不要手舞足蹈、大喊大叫,也不要嗲声嗲气,应该沉着应对,不卑不亢,热情友善。讲话速度应比平时稍慢一点。

3. 接听时要注意记录并及时转告

养成记录电话的好习惯,记录既要快,又要准确。业务电话常常谈的是关于业务的重要通知、信息,一旦因没有记录而遗忘或记录有误,会给企业、个人造成损失。因此,接听人一定要集中精力,认真记录。记录完毕,要将重要内容向对方复述一遍,确保准确无误。电话记录内容应包括:来电人的单位、姓名、职务、电话号码、来电时间、来电内容。特别要注意电话内容里的时间、地点、数量、号码等的准确性。

4. 接听电话要耐心聆听,反应积极

认真倾听对方的谈话,不仅是对他人的尊重,也能为自己在对话时灵活应变打下基础。

接听电话时,应尽量避免打断对方的谈话。但为了表示自己在专心聆听并且已理解,要不时地说"嗯"、"好"、"是的"、"太好了"、"让您费心了"、"谢谢您"等。有时可以有礼貌地打断一下对方,提出问题或证实自己听到的是否正确,让对方感到你很有耐心,也有兴趣在听他讲话。如果确实有特殊、紧急的事要先处理,应对对方说"对不起,请稍等",然后以最快的速度处理完,再继续与对方交谈,并表示歉意。

5. 电话听筒要轻拿轻放

通话结束时,接听人应等对方放下话筒后才能挂上电话。不论是制造行业,还是服务行业,在打电话和接电话过程中都应该牢记让客户先收线。因为一旦先挂上电话,对方一定会听到"啪——"的声音,这会让客户感到很不舒服。因此,在电话即将结束时,应该礼貌地请客户先收线,这时整个电话才算圆满结束。

电话听筒轻拿轻放

另外,在电话里与人道"再见"后,在对方挂电话前的短暂时间里讲话一定要慎重,不要让对方听到你对他的议论。否则是非常失礼的。放下电话听筒后,不要粗心大意,要检查电话听筒是否放好,否则会影响电话的正常使用,还可能会带来不必要的电话费用的支出。

"喂,财会室吗?我(这里)是总经理办公室。今年全年的工资统计表你们做出来了吗?"这是某公司经理办公室的秘书在给公司的财会室打电话。

财会室回答说:"统计出来了。"

这位秘书又说:"我正在给领导写年终总结,急等着要这个表。你给送来吧。"

财会室的人听了这话,有些不高兴了,说:"我们也正忙着,你自己来抄好了。"

啪——电话断了。

思考与讨论:

1. 为什么这位秘书得不到对方的支持与协助?

2. 如果这位秘书换一种方式来请求,情况又会如何呢?

3. 在工作中,我们使用电话时,需要注意哪些礼仪问题?

6. 选择打电话的恰当时间

打电话时,不要只考虑自己方便,而应更多地考虑对方接电话是否方便。一般,中午休息、晚上十点半以后、早上七点以前不要往对方家里打电话。拨电话前要考虑当时对方可能在什么状况下,是否方便接电话。如:下午五六点正是主妇们忙着做家务的时间,不便停下手中的活来听电话;有的人每天下午五点半左右正在返程的路上,这时打电话就可能会没结果;在上班时间给经常外出工作的人打电话,通常在其上班后半小时以内容易找到人。总之,打电话时不要随心所欲,应选择好时间。

7. 往异性家里打电话时讲话要慎重

当因工作需要往异性同事或客户家里打电话时,应做到语气平稳,主动报出姓名、单位、职务或与对方的关系,不要称对方的单位或昵称,更不能称外号。

小贴士

如果给不是特别熟悉的人打电话,一定先要自报家门:"你好,我是×××。"不要一开口就说正事,让对方摸不着头脑。更不要说"请你猜猜我是谁",使对方在与你寒暄的同时还要紧张地思索,这是很让人恼火的事。

8. 讲究传达日期和数字的方法

电话中,传达日期、数字的准确性至关重要。稍不注意就会出现将"4"误为"10",将"1"误为"7"等错误。有时,仅仅复述数字是不够的,在复述时应注意技巧。比如为避免听错日期,在复述日期之后,最好连同星期几一并说出来,就不易出错,如:"明天下午,也就是×月×日下午,是星期×,对吗?"又如为避免听错报价,在复述报价时,要用两种不同的说法把数字念出来,如:"××商品,单价是25元,××商品16元",许多人习惯在报价时省去"单价"两字,对方往往容易将"16元"听成"是6元"。因此,复述时应该说"××商品,贰拾伍元,××商品,壹拾陆元"。总之,在复述数字时,应以不同的方法向对方复述,这样就可减少错误。

9. 只要拿起电话听筒,就应进入角色

拿起听筒后,尽管这时你还没有正式与对方交谈,可对方正处于聚精会神地等候你回话

的状态,如果你久久不应电话,或是让对方听到你在与别人聊天说笑,甚至因工作忙而埋怨是谁打来的电话时,对方心里一定非常不愉快,哪怕你接电话时再热情,对方也会认为你是佯装出来的。

10. 接电话时,话筒不要拿得太近

因为讲话时无意间喷出的唾沫会沾在话筒上面,很不卫生,最好保持 3 公分以上的距离。

充电站

5W1H 通话要点

WHY(理由):指打电话的理由。通过此次电话需要达到什么目的? 这个电话是不是非打不可? 这些都是需要在打电话之前考虑清楚的问题。

WHAT(内容):指打电话所要传达的内容。为了使此次电话达到最大的效率,工作人员应该事先准备好所要讲述的内容,并思考采用何种方式向接电话者传达信息,使之能够马上领会到打电话者的意图。

WHO(对象):指打电话的对象。接电话的对象不同,会涉及不同礼貌用语的使用。但不管接听对象是谁,在选择对方称呼时都应该注意尽量满足对方的优越感,以获得相应的回报。

WHEN(时间):指要选择对方比较合适的时间进行通话。应该尽量避免在对方工作忙碌、例会、用餐、休息等时间段内打电话。

WHERE(场所):指要确定电话中与对方约定会面的具体地点。一般说来,如需约定外出会面,在打电话之前就应该大致选好约会的地点,通常可以选择在会面的两者之间的某个地方。

HOW(方法):指如何在电话中恰当表达,注意选择较妥善的说辞。

三、不容忽视的手机礼仪

1. 手机铃声礼仪

手机铃声或彩铃能展现你的个性和品位,却不能任意使用。如果你有了一定的年纪和地位,使用的手机铃声或彩铃却是狗叫或儿啼声,一定会大大影响你的威信。一些诸如"抓贼啊""就不理你,气死你"等另类铃声或彩铃,更是令人哭笑不得,建议职场中的你与之绝缘。

因此,手机铃声礼仪的第一原则是注意使用场合。其次,手机铃声的音量不宜调得过大。试想在办公室里,大家都在忙碌,突然响起刺耳的铃声,会影响工作气氛。在医院、学校等公共场所,过大的铃声则是一种噪音。

2. 手机短信礼仪

手机短信在现代社会有许多不容小觑的功能,如:节庆日给亲朋好友发祝福短信,以拉近彼此距离;事先约定参加某个会议或活动,为避免对方忘记,可通过短信提醒。因为打电话显得过于正式,有不信任之感,用委婉的短信提醒方式会显得更加亲切。短信礼仪中忌讳的是把短信当做打发时间的方式,频繁地给对方发毫无意义的短信。

3. 公共场所手机使用礼仪

在电梯、楼梯、路口等地方,不可以旁若无人地使用手机。在一些公共场所,尤其是一些要求"保持安静"的场所(如:音乐厅、美术馆、电影院、歌剧院等)不能随意使用手机;同样地,在会议期间应自觉关闭手机或将手机调至震动档,以示基本的尊重和礼貌。在飞机上,出于安全考虑,不能使用手机。

礼仪行动

> 根据下面的情形,我们一起来设计一张自己满意的电话记录单。2011 年 4 月 8 日上午 8:00,红星电器有限公司的张经理正巧外出。秘书何苗接到胜利零部件公司的赵力先生打给张经理的电话,希望有机会商谈有关新产品开发的事宜,并请张经理回电话,电话号码是 9977856。

第八章 走进职场之优雅礼节

"礼仪的目的与作用在于使得本来的顽梗变柔顺,使人们的气质变温和,使他尊重别人,和别人合得来。"

——约翰·洛克

"善气迎人,亲如弟兄;恶气迎人,害于戈兵。"

——管仲

小组时间

概述:

观看不同的图片,体会肢体语言和衣着对促进沟通的重要性,学会一些基本的技能,以确保你的肢体语言和衣着传递出你想传递的信息。

时间:

10~15分钟。

参考步骤:

阅读老师发的材料,在老师的指导下分成若干小组,进行团队合作,确定材料上的人所从事的职业以及这些人当时的感受,并讨论得出这些结论的理由。

5~7分钟后,每组介绍得出的结论,并将得出的每一个与肢体语言和衣着有关的观点列在活动挂图或白色写字板上。

小组讨论:

1. 你的肢体语言和衣着会如何影响你和客户之间的交流?
2. 你可以采用哪种姿势来帮助缓和紧张的气氛(比如当客户抱怨或进行无理的指责时)?
3. 如果有可能,为了向客户提供更好的服务,你将如何改变你的肢体语言和衣着?

在商务场合,人们在见面时,常以不同的礼节表示对他人的尊敬、感激、友好。

一、握手礼

所谓握手礼,通常是指交往双方以握手的形式互相致意。握手礼普遍适用于人际交往之中,但是在某些较为保守的国家,禁止异性之间握手。

1. 握手时伸手的先后顺序——"尊者决定"原则

① 行握手礼时,位尊者先伸手,位低者予以响应。

② 年长者先伸手,年轻者响应。

③ 职位高者先伸手,职位低者响应。

④ 女士先伸手,男士响应。

⑤ 接待来访客户,应先伸手,表示"欢迎";送客时,应先由客户伸手,表示"再见"。

2. 正确的握手姿势

行握手礼时,距离握手对象约一米处,双腿立正,上身略向前倾,自然伸出右手,四指并拢,拇指张开与对方相握。

握手时,应当用力适度,上下稍许晃动三四次,停留两三秒,然后自然松手,恢复原状。

与异性握手,轻握指尖

3. 行握手礼的基本要领

① 在行握手礼时,双方均应起立,并迎向对方;女士在社交场合握手时可以坐而不起。

② 在伸手与他人相握时,应手掌垂直于地面,以右手与对方右手相握。与异性握手,轻握指尖就可以了。

③ 在此过程中,需要直视对方眼睛,并面带微笑。

小贴士

多人握手时千万不要交叉握手。交叉握手形成了十字架的形状,外国朋友由于宗教信仰的关系会认为不太吉利。当然,最好也不要左右开弓握手,这样不仅别扭,也显得不够诚意。

4. 握手的场合

握手礼通常在以下场合使用:

① 遇到较长时间没见面的熟人;

② 在比较正式的场合与认识的人道别;

③ 在以本人为东道主的社交场合,迎接或送别来访者时;

④ 拜访他人后,在辞行的时候;

⑤ 被介绍给不认识的人时;

⑥ 别人给予你一定帮助、鼓励时,表示感谢;

⑦ 向别人颁发奖品或赠送礼品时。

二、拥抱礼

所谓拥抱礼,一般指的是交往双方互相以自己的双手揽住对方的上身,借以向对方致意。在中国,人们对此不甚习惯,而在国际社会中,它却得到广泛的运用。

1. 拥抱的方法

行拥抱礼最为常见的方法是:两人走近之后,面对面站立,先各自抬起右臂,把右臂搭在对方左肩上,随后伸出左臂,以左手扶在对方的腰部右后侧。开始时,首先向对方左侧拥抱,接下来向对方右侧拥抱,最后再向对方的左侧拥抱。

2. 行拥抱礼的国家

拥抱礼在西方国家广为流行。在阿拉伯各国、大洋洲各国、非洲与拉丁美洲的许多国家,拥抱礼也较为常见。但是在东亚、东南亚国家,人们通常不行拥抱礼。

3. 拥抱礼的适用场合

在庆典、仪式、迎送等较为隆重的场合,拥抱礼最为常见,在政务活动中尤为如此。在私人性质的社交、休闲场合,拥抱礼则可用可不用。在某些特殊的场合,诸如谈判、检阅、授勋等,人们则大多不使用拥抱礼。

4. 拥抱礼的适用人员

在欧洲、北美洲、南美洲、大洋洲诸国,男女老幼之间均可采用拥抱礼。而在亚洲、非洲的绝大多数国家,尤其是在阿拉伯国家,拥抱礼只适用于同性之间,与异性在大庭广众下进行拥抱,甚至是禁止的。

三、鞠躬礼

所谓鞠躬礼,一般是指向他人躬身以示敬重或感谢之意。它因此也被称为躬身礼。

行鞠躬礼的基本要领如下:

① 鞠躬时,要挺胸、抬头、收腹,自腰以上向前倾。

② 鞠躬时上身抬起的速度要比下弯时稍慢一些。

③ 行鞠躬礼时,男性要双手下垂放在裤线前的地方,女士则将双手在腹前下端轻轻搭在一起。

④ 上身向下弯时,要先看对方的眼睛,然后再看对方的脚,起身后,再次注视对方的眼睛。千万不要看自己的脚或低垂着头,像低头认罪一样,那是一种不雅的姿态。

鞠躬是中国、日本、韩国、朝鲜等国家传统的、普遍使用的一种礼节。鞠躬主要表达"弯身行礼,以示恭敬"的意思。现在,在日本,鞠躬礼是最讲究的。对日本人来说,鞠躬的程度表达不同的意思。如:弯 15 度左右,表示致谢;弯 30 度左右,表示诚恳和歉意;弯 90 度左右,表示忏悔、改过和谢罪。

四、其他礼节

1. 点头礼

微微地点头以对人表示礼貌,还可同时道声"你好"。点头礼多适用于非正式场合,如:同事之间、熟人之间在公共场合相遇,无需驻足交谈时,可用点头礼。

2. 致意礼

在公共场合远距离遇到相识的人,无需驻足交谈的,可举起右手打招呼并点头示意。

3. 拱手礼

右手握拳,左手抱右手,上下略摇动几下。拱手礼通常用于佳节团拜、节日庆贺等场合,表示祝贺。

🔌 **充电站**

女 士 优 先

女士优先,英文是"Lady first"。它要求每一位成年男子都要尊重、照顾、体谅、帮助和保护女士。对妇女的态度,应该说是反映了一个国家的文明程度。

工作和生活中"女士优先"的具体做法有:

① 无论是演讲还是座谈,开场应先称呼"女士们",再说"先生们",这表示对女士的尊重。

② 握手时,应等女士伸出手后,男士才能伸手。

③ 行走时,次序礼仪规定以右为尊。因此,男女并肩行走时,应遵从男左女右的顺序。男女前后行走时,应让女士走在前,男士走在后。

④ 上楼梯时,女先男后,下楼则相反。在楼梯口、门口等狭窄处也相反,应让女士先行。

⑤ 与女士同行,应主动帮助她提行李及背包。如果一个两手空空的男子与一个提着许多物品的女士走在一起,有失男子的风度。但女士的随身小包,是女士"隐私"的一部分,男士不可贸然帮忙。

⑥ 进出门时,男士应为女士推/拉门,让女士先进(出)。在车上或其他公共场合,男士应给女士让座。

⑦ 与女士进餐时,男士要为女士拉开椅子,帮助其入座,挂好衣物,并主动为女士倒茶等。

⑧ 遇到紧急情况时,男士要挺身而出排除险情,把安全、便利让给女士。女士在工作中因身高不及、体力不支而遇到困难时,男士也应主动帮忙。

上楼梯时女先男后

在男士表现其绅士风度时,女性可以大大方方地接受礼让,不需要扭捏不安。但是在接受男士照顾以后,女士必须说声"谢谢",不要把享受到的"优先"视为理所当然。

🍀 **礼仪行动**

请家长来扮演你的客户,把你在本主题中学到的各种礼节练习一遍吧。加油!

主题二　介绍——社交活动中的一把"金钥匙"

听故事·学礼仪

一次招待会上,张小姐把一位女士带到一位男士面前介绍说:"史先生,我来介绍一下,这位是我们公司企划部的姚小姐。姚小姐,这位是某某公司的销售部经理,成功人士。"只见姚小姐很不高兴地嘟囔:"经理、成功人士与我何干?"一时,场面十分尴尬。乍一看,这位姚小姐很不懂礼貌。但其实,首先是张小姐不懂得介绍的礼节,才使得姚小姐因不高兴而失态。

思考与讨论:
这个故事给你什么启示?

介绍是人际交往中相互沟通、增进了解、建立联系的最基本的方法。通过介绍,人们可以结识新朋友,扩大交际圈;同时也可以利用介绍来展示自我,获得认同。

介绍是社交场合中彼此不熟悉的人们开始交往的起点。在社交场合中使用较多的介绍

礼仪与生活

方法有两种:为他人作介绍和自我介绍。

1. 为他人作介绍

为他人作介绍,通常是介绍不相识的人相互认识或者把一个人引见给其他人。作为介绍者,不仅要熟悉双方的情况,还要懂得介绍的礼仪规范。

(1) 掌握介绍的顺序

在社交场合中,介绍两个人相互认识的时候,要坚持"先卑后尊"的原则,即:

① 应先把男士介绍给女士;

② 应先把年轻者介绍给年长者;

③ 应先把客人介绍给主人;

④ 应先把未婚者介绍给已婚者;

⑤ 应先把职位低者介绍给职位高者。

在介绍过程中,先称呼女士、年长者、主人、已婚者、职位高者。例如,把职位低者介绍给职位高者时,可以这样说:"张总,这位是王秘书。"然后介绍说:"王秘书,这位是张总经理。"

当被介绍人是同性别或年龄相仿或一时难以辨别其身份、地位孰高孰低时,可以先把与自己关系较近的一方介绍给与自己较为生疏的一方。例如,小李要介绍自己的好友张强和新同事李晓认识,他先说:"李晓,这是我的朋友张强。"然后说:"张强,这位是我的同事李晓。"

(2) 讲究介绍的礼仪

介绍人要用敬语或称呼,说明被介绍人的姓名、身份、单位、职务等有关情况。为他人介绍时,态度要热情友好,不要厚此薄彼——详细介绍一方,粗略介绍另一方。介绍前,应先向双方打招呼,使其有思想准备。介绍时,语言应清晰、准确。此外,手势动作应文雅,无论介绍男士还是女士,都应手心朝上,五指并拢,朝向被介绍的一方,切忌用手指来指去。

作为被介绍者,在被介绍给他人时,一般都应起立(贵宾、女士、年迈者、残疾者例外),正面面向对方,并做出礼貌回应,比如说"久仰大名"、"认识您很高兴"等,按照介绍顺序互相握手,交换名片。但在宴会桌上和会谈桌上只需微笑点头,有所表示即可。

小贴士

首次介绍一定要用全称,不能用易生歧义的简称,比如把左工程师介绍为"左工",把范局长介绍为"范局"等,都有失敬重。介绍时也千万别拿被介绍者开玩笑,即便他与你很熟,也没有理由让他在新朋友面前陷入尴尬。

2. 自我介绍

小组时间

1. 在老师的指导下分成5~6人的小组。

2. 准备抽签。

3. 抽到的同学进行3分钟的自我介绍。

4. 其他同学对这位同学的自我介绍打分,并说出理由。

5. 说说哪位同学的自我介绍给人印象最深刻。

6. 谈谈如何注意自我介绍时的礼仪。

自我介绍是社交过程中的一把"金钥匙",应注意其运用要领。

（1）注意介绍内容的繁简

在一般社交场合,自我介绍的内容主要包括自己的姓名、工作单位、身份。例如,"我叫柴林,在浙江经贸职业技术学院工作"。如果与新结识的朋友谈得很投机,双方都愿意更多地了解对方,介绍的内容还可适当增加,比如自己的籍贯、母校、经历等。

（2）讲究自我介绍的艺术

作自我介绍要寻找适当的机会。当对方正与人密切交谈时,不宜走上前去进行自我介绍,以免打断别人的谈话。而当对方独自一人或者与人闲谈时,不妨见缝插针,抓住时机进行自我介绍。

自我介绍要看场合。如与一人会见,互相问候之后便可开门见山进行自我介绍。如有多人在场时,自我介绍前最好加一句引言,比如"我们认识一下好吗？ 我是……"作自我介绍时,不要把目光集中在一个人身上,最好环视大家。然后将目光转向他们中的某个人,其他人也会相应地作自我介绍。

此外,进行自我介绍前,也可以请对方先作自我介绍,比如说"请问您贵姓?""您是……"等,待对方回答后再顺水推舟地介绍自己。如两人相互认识后欲深交,还可以交换名片,以便日后联系。

礼仪行动

如果你去一家外贸公司面试,请你设计一段自我介绍,让对方留下深刻而又美好的印象。

主题三　名片——人际交往中的"通行证"

听故事·学礼仪

有一次,一位学者到外地演讲,在一家宾馆入住。因对周围的环境不了解,他就到前台向一位工作人员询问,希望能了解周围的一些情况,工作人员很热心地帮助了他。几天之后,学者离开宾馆时,宾馆的那位工作人员说:"欢迎再次入住我们的酒店!"然后,这位工作人员从裤兜里掏出一叠名片,像打扑克牌似的拢了拢,拿出其中一张发给了学者……

思考与讨论：

1. 你认为这位前台工作人员使用名片的方法对吗?

2. 你在生活中,碰到过哪些使用名片的不文明现象?

现代社会中,名片已成为人们社交的重要工具,它是一种有效而简单的自我介绍方式。使用名片的礼仪涉及递交、接受和交换三个环节,是交往双方都应注意的礼仪问题。

一、名片递交礼仪的基本要领

1. 做好递交的准备

在社交之前将名片放入名片夹，放在方便拿出的地方，以便需要时迅速拿取。"名片如其人"，如果不把名片放在名片夹里，而任意放在口袋、皮夹或笔记本中，弄得脏皱卷曲，拿给别人不仅失礼，也很丢脸。

2. 注意递交名片的场合

一般在商业性质的横向联系，交际、社交场合中的礼节拜访，以及在表达情感或祝贺的场合，可以向对方递交名片。

3. 掌握递交名片的时机

一般初次见面，相互介绍之后就可递上名片。在尚未弄清对方身份时，不应急于递送名片，更不要把名片视同传单随便散发。若是比较熟识的朋友之间，可在告辞的时候递过去。

4. 递交名片的方法

为表达对对方的尊敬，一般应双手递名片，特别是下级递给上级、晚辈递给长辈时，应将名片上的姓名朝向对方，以方便对方查看，递时比对方双手略低，以表示尊敬。应起身站立，身体微欠，面带微笑，目视对方，以双手轻托至齐胸高度递交名片，说出自己的公司和姓名，同时还要说一些友好、礼貌的话语，比如"这是我的名片，欢迎多联系"，"这是我的名片，请多关照"，"谢谢，认识您很高兴"。总之，动作要洒脱大方，态度要从容自然，表情要亲切谦恭。

递名片时将文字正面朝向对方

二、接受名片礼仪的基本要领

接受名片者应通过动作与表情来显示对对方人格的尊重。

接受名片时应起身，双手接过名片。接过名片后，应说"谢谢"，从上到下，从正面到反面认真地阅读。阅读时可将对方的姓名、职衔念出声来，并抬头看看对方，使对方产生一种受重视的满足感。为加深印象并表示尊重，遇到不认识的字应主动向对方请教。

看完后要郑重地将其放在名片夹或西服左胸的内侧袋里，以示尊重。如果是暂放在桌子上，切忌在名片上再堆放其他物品，也不可漫不经心地将名片放置一旁。

接受名片也应用双手

然后回敬一张本人的名片；如身上未带名片，应向对方说明，并表示歉意。

名片上印有对方的名字，是其人格的一个组成部分，因此分别时千万要记住将名片带走。

三、交换名片礼仪的基本要领

交换名片的顺序一般是"先客后主，先低后高"，由职位低者、晚辈或客人先向职位高者、长辈或主人递上名片,然后再由后者予以回赠。当与多人交换名片时,应依照职位高低的顺序,或是由近及远、按顺时针或逆时针的顺序,依次进行,切勿跳跃式地进行,以免对方误认为你厚此薄彼。

若上级或长辈先递上名片,下级或晚辈也不必谦让,应礼貌地用双手接过,道声"谢谢",再予以回赠。

小贴士

不要把名片放在皮夹中。在一堆银行卡和证件中找出你的名片不算潇洒。

在递出名片的一刹那一定要扫视一下,不要一不小心把他人的名片递出来,就会非常狼狈。

四、名片的设计

一张标准的公务用名片,应由具体归属(所在单位和部门)、本人称呼(姓名、行政职务、技术职务、学术头衔等)、联络方式(单位地址、邮编、办公电话、手机)三项基本内容组成。

礼仪行动

1. 每组模拟成立一个公司,大家一起为自己的公司设计统一的名片样式,并且每人设计一张自己的名片。要求:每个模拟公司有统一的 LOGO、背景图案或图样,以及统一的字体和版式。

2. 各组派代表与其他组的成员交换名片,注意交换、接受与存放的礼仪。

主题四　待客接物知多少

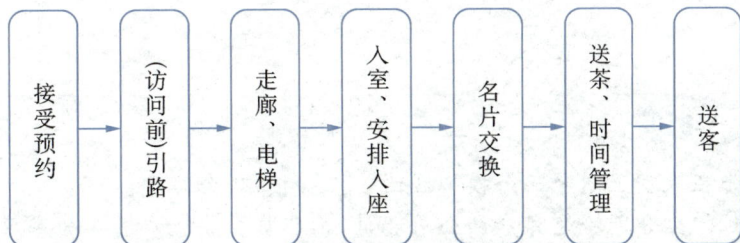

接受预约 → (访问前)引路 → 走廊、电梯 → 入室、安排入座 → 名片交换 → 送茶、时间管理 → 送客

接待客户的基本流程

客户来访是工作和生活中经常会遇到的事。在快节奏、高速度运转的现代社会里,人们的活动都是严格按计划有序进行的,"不速之客"往往会打乱对方整天的工作计划,引起双方为难,甚至不满。因此,社交活动应提倡事先预约。

一、预约

预约时,应注意以下要求:

① 预约应该深思熟虑;

② 预约应该方便对方;

③ 预约前要把约会的时间、地点和活动参加者考虑周全;

④ 预约的方法一般有三种:口头直接预约、电话预约、写信预约;

⑤ 面对对方的拒绝,要泰然处之。

二、遵守时间,信守约定

"遵守时间,信守约定",这是对现代职场人的要求之一,也是日常交往中的重要礼节。"时间就是金钱",这个观念已被现代人所公认。准时赴约是现代人社交中极为重要的礼貌行为,参加各种活动应按约定时间到达。早到是浪费自己的时间,晚到则无疑是浪费别人的时间。

在决定参加一个活动的时候,应明确活动地点、具体时间、行程,估计各种情况下到达目的地所需的时间,以保证准时到达。因故不能赴约或不能按时赴约的话,应礼貌地通知对方,主动向对方说明理由,并表达歉意。

三、热情寒暄

寒暄,是指当与初识者或熟识者相遇时,以热情、简洁的语言互相致意。见了熟人不打招呼,对刚刚相识的人不予理睬,都是失礼的。

1. 路遇熟人的寒暄

对擦身而过的熟人,可微笑地说"你好","早上好","晚上好",以表达友好、热情。如双方需停下交谈、问候,寒暄则应具体些,如:"好久不见了","最近好吗","家人可好"等。

2. 初识者之间的寒暄

初识者之间,一般在介绍认识以后,通过寒暄表示认识对方非常高兴,同时,增进双方的了解。对初识者的寒暄要注意话题选择和谈话技巧,不能谈论敏感的问题,如:政治话题、隐私(婚姻问题、经济收入、经历、女士的年龄)、批评话题等。

四、引路

> **小组时间**
>
> 1. 教师先在教室里划分三个模拟区域:走道、楼梯、会客厅。
> 2. 请两位学生分别扮演客户和公司职员,由职员引导客户进入会客厅。
> 3. 请其他同学说说扮演职员的同学在引导中存在哪些问题,这些问题应该如何纠正。

1. 引路的方法

手指伸直并拢,手与前臂呈一条直线,肘关节自然弯曲,掌心向斜上方。手势的上界不要超过对方的视线,手势的下界要高于腰区。手势的左右摆动范围不要太宽,应在胸前或右方进行,摆动时欲扬先抑,欲左先右,欲上先下。使用手势的动作宜亲切、自然,手势的曲线宜软不宜硬,动作要慢,切忌快、猛。注意:掌心不能向下,也不能攥紧拳头。

引导客户时,应走在客户左前方约 1 米左右,身体稍向右侧转,便于与客户交谈,以免一路过于沉寂、尴尬。

2. 引路的注意事项

走到楼梯或岔路口时,应以手示意,并说"请上楼或请这边走"。

上下楼梯时头要摆正,背脊要伸直,胸部要微挺,臀部要微收,膝盖要弯曲。

到达会客室时,应向客户说明"这是会客室"。

如果会客室的门是向外开的,应一手拉开门并按住,一手示意客户先行进入。如果会客室的门是向内开的,应推开门后自己先进入,然后转身按住门,再请客户进入。

为客户引路

五、送客

送客时,应注意以下事项:

① 客户提出告辞时,应等客户起身后再站起来相送。

② 若一边和客户说"再见",一边忙着自己的事,甚至顾不上看客户一眼,这是极不礼貌的行为。

③ 应将客户送到门口,并与对方握手告别。

④ 送客时,还要提醒客户不要忘记随身携带的物品。

⑤ 如客户携带重物,应该主动帮客人提拿,但对客户的公文包或随身的小包不要抢着代拿。

⑥ 如是重要客户,应将客户送到大门口或轿车旁,不要急于返回,应挥手致意,等客户移出视线后,再返回离开。

小贴士

"出迎三步,身送七步"是迎送宾客的最基本礼仪。

礼仪行动

请两位同学表演接待人员和客户,客户提出告辞,接待人员起身相送。请其他同学评述饰演接待人员的同学的操作是否规范。

礼仪与生活